JN059198

学校現場における里親家庭で暮らす子どもへの支援

里親、ソーシャルワーカー、教員へのガイド

ジョン・デガーモ 著
中村豪志／高石啓人／上鹿渡和宏 監訳
佐藤明子 訳

明石書店

序　文

ハロルド・スローク（Harold Sloke）

https://rjsloke.wordpress.com

　私は夜中に顔を叩かれて目が覚めました。そして、8歳の自分の体が宙に浮いて部屋の反対側へ飛ばされていくのを感じました。母は泣き叫びながら、継父に止めるよう懇願しています。継父は私の喉をつかんで私を持ち上げると、「お前も親父と同じような〈できそこない〉だってことがいずれわかるだろうよ」と言い放ちました。「おい、黙れ！」と継父は母の顔を叩きながら怒鳴りました。「泣く理由が欲しいのか？　それなら泣く理由をくれてやる」。継父は別の部屋に行き、12ゲージのショットガンをもってきました。継父は私に膝をつくように言い、私の頭に銃を突きつけました。そして「これが泣く理由だ。どうせならこいつは死んだ方がいい」と母に言いました。私が抱いた唯一の疑問は、何が私を救ってくれるのか、ということでした。こんなことが永遠に続くのでしょうか？

　幼少期は、私の人生で一番恐ろしい時期でした。それは必ずしも虐待のせいではなく、自分の将来を見通せないためでした。母と継父は、自分たちも虐待やネグレクトをされて育ったため、よく子どもの頃の恐ろしい話を私にしてくれま

した。私はただ、同じようなことを繰り返したくないという気持ちだけでした。でも、何が私を救ってくれるのでしょう？ 当時、私はその答えをもっていませんでした。部屋に閉じ込められながら、その代わりに百科事典や聖書を何度も何度も読み返しました。食事はドアの下から渡されました。私のあざが人に見られないようにと、何日も学校を休まされました。私は、もっと良い日が来ることを願いました。いったい何が私を救ってくれるのでしょうか？

13歳で里親養育を受けることになったとき、私はすでに少年司法のお世話になっていました。私は身を守るため、そして家族という感覚を得るために、不良グループに入りました。自分が正しい道を歩んでいないという自覚は確かにありましたが、そのときは気に留めていませんでした。とにかく母と継父の虐待から解放されたのです。その代わりに、私は新しい形の地獄にいることに気づきました。18歳で里親養育を離れるまで、私は30以上の里親家庭、グループホーム、そして少年院を渡り歩きました。結果として、私は12もの高校に通うことになりました。どの転校の際にも、単位の移行ができませんでした。気がつけば、9年生[訳注1]を3回繰り返していました。11番目の高校に編入して2日目、キーボード操作の授業中に、私は机に頭をうつ伏せにしていました。その日、私はかなり落ち込んでいて、担任のカレン・パーカー（Karen Parker）先生もそれに気がつきました。ど

訳注1　日本の中学3年生に相当。

4

うしたのか、と聞かれたので、私は自分の状況を少し話しました。先生は本当に心配してくれているようだったので、私は少しずつ、より多くのことを話すようになりました。先生は、私がまだ9年生であること、単位が一つも移行されていないことにショックを受けていました。パーカー先生が私を擁護[訳注2]してくれたおかげで、私は11年生となるのに十分な単位を取得することができました。結局、私は19歳のときに、GPA（Grade Point Average）1.8という成績評価で高校を卒業しました。GPAの範囲は0.0〜4.0なので、GPA 1.8はかなり低い評価になります。

　卒業後、陸軍予備役に入隊し、約1年間、現役で戦地に赴きました。帰国後、高校のGPAが低くて大学に入れなかったので、コミュニティ・カレッジに入りました。2012年、養子縁組協会議会連合（Congressional Coalition on Adoption Institute）の「里親養育下の若者のためのインターンシップ（Foster Youth Internship）」に応募し、採用されました。インターンシップの一環として、私は、里親制度をどのように変えたいかについて、政策レポートを書かなければなりませんでした。私は、転校の際に単位が移行されなかったという高校時代の経験について書きました。私の政策レポートは、「切れ目のない就学支援に関する法律」（Uninterrupted Scholars Act）という法律として結実しました。この法律は、「家

訳注2　本書では、advocate（動・名）を文脈に応じて、「擁護」や「擁護者」で訳している。

庭教育の権利とプライバシーに関する法律」（Family Educa-
tional Rights and Privacy Act）を一部改正したもので、これ
により、ソーシャルワーカーは、里子^{訳注3}の転校の際にタイ
ムリーに成績証明書や学校記録を閲覧できるようになりまし
た。私の話は、全米のメディアで取り上げられました。私は
一時期、立法補佐官として連邦議事堂で働きました。自分が
他の人の人生にこれほど大きい変化をもたらすことになると
は、子どもの頃には想像もしていませんでした。

　私はよく、カレン・パーカー先生が私の擁護者となって私
を救ってくれた、と称えます。しかし、2013年にサウスカ
ロライナ大学児童法センターの会議で基調講演をするまでは、
それ以上深く考えたことはありませんでした。この会議の主
なテーマは、弱い立場に置かれた若者の教育成果についてで
した。自分自身の話をしながら、私は涙を浮かべて聴衆を見
つめ、ゆっくりとこう言いました。「私は教育に救われたの
です」。このとき私は、自分が受けた教育が自分にとってど
れほど大きなものだったのかを理解したのです。高校を卒業
していなければ、軍に入隊することもできず、就職もままな
らず、犯罪者としての人生を歩み続けていたかもしれません。
しかし、たった一人の人が私を信じてくれて、不可能と思わ
れたゴールへと導いてくれたのです。

　社会福祉学士、犯罪学・刑事司法学士、政治学士という三

訳注3　本書において、foster childrenはタイトルにおける「里親家庭で暮らす子
　ども」を除いて、校正上の理由で「里子」や「里親養育下の子ども」等で訳し
　ている。

つの学位を取得して私が大学を卒業するまで、あと1学期となりました。現在、私のGPAは3.957で、全額給付型の奨学金で大学に通っています。30歳までには、法学の修士号と何らかの博士号を取得することを計画しています。私は、学ぶこと、学問を深めていくことが好きなのです。学問は私の人生に大きな変化をもたらしており、学問のない人生など想像もつきません。里子の人生を変えるには、たった一人の「カレン・パーカー先生」が必要なのです。里親養育下の子どもたちに教育を受けるよう励ますことは、里親制度においてなしうる最大の投資です。なぜなら教育は、弱い立場に置かれた若者を、影響力をもつ、意欲的でインスピレーションに満ちた、自立したリーダーに変えるのに役立つからです。

学校現場における里親家庭で暮らす子どもへの支援―――目次

第 1 章
里親養育――入門編

第 2 章
里親委託がもたらす混乱

第 3 章
学業成績と学校での行動

謝　辞

　長年にわたり全米各地で仕事をしてきたなかで、ご縁の
あった多くの里親やソーシャルワーカーの皆さんに御礼申し
上げたい。皆さんがしてくれていることにとても感謝してい
る。皆さんの励ましがあったからこそ、私は他の人を指導し
続け、この本を書くことができた。また、妻のケリー・デ
ガーモ（Kelly DeGarmo）博士にも感謝したい。彼女は、私
たちの里子たちに読み書きを教えてくれているだけでなく、
自分自身の子どもとして彼らを愛し、彼らにケアをし続けて
くれている。

はじめに

　教職に就いた当初、里親になる前の私は、里親養育について、また里子について、ほとんど何も知らなかった。実際、私が里親養育下の子どもたちや里親制度について知っていると思っていたことは、真実からほど遠いものだった。一般の人たちと同じように、私も里子について間違った考えや信念をもっていたし、その多くはネガティブなものだった。これは主に、社会にあふれている誤った固定観念によるものだった。その結果、自分の教室にいる里親養育下の生徒たちが抱える多くの切実なニーズに応える準備ができていなかった。さらに、大学で何年も学び、教育に関するワークショップにも参加していたにもかかわらず、教室でさまざまな苦労をする里子たちへ最適な支援を届けるための訓練は受けていなかったし、同僚もそうだった。

　何人かの里子を自宅に迎え入れては送り出した後、私は里子たちのために自分の教え方を見直す必要があるだけでなく、自分自身が里子たちの学校での擁護者になる必要があるのだということを理解し始めた。私は、同僚の教員たちの教室で、自分の里子たちが悪戦苦闘しているのを見た。また、その教員たちが、里子が日常的に経験しているさまざまな情緒的困難を理解していないのも目の当たりにした。実際、私が自分

の里子のために丁寧に口を挟まなければならないこともあった。また、同僚の教員とテーブルを挟んで、私の里子の行動がどれほど授業の妨げになっているか話し合わなければならないこともあった。同僚と里子の両者をよりよく支援したいという思いから、私はこのテーマを追究するために博士課程に進んだ。私は単に、里子たちが学校でうまくやれるように助けたい、そして里子たちの苦労について学校側の意識を高めたいと思ったのだ。

　里子は概して、一般家庭の生徒たちと比べて、経済的に恵まれない家庭の子どもたちと同様に、学力面と行動面で平均を下回る傾向がある。里親養育を受けている子どもの大半は、公立学校に在籍している間に行動上の問題を経験する。また、ネグレクトが原因で実親家庭から離れた里子は、さまざまな成長発達の遅れを積み重ねている。例えば、言語能力や語彙の発達が不十分で、コミュニケーション能力が損なわれていることがある。

　里子たちは学力が低いことが多く、また教育目標の異なる別の学区から転入してきた苦労もあるため、里子たちが通う学校の教員たちは、このことをしっかり意識する必要がある。里子たちは里親宅にいる間、多くの個人的・情緒的な問題と悪戦苦闘しており、夕方から夜の時間には宿題どころではないことが多い。日によっては、里子の直面している情緒的な問題の対処に追われる晩もある。里親は、里子を受け持つ教員にこのことを伝え、協力してもらう必要がある。また、教員はこのことを念頭に置いて、子どもの問題に配慮しながら

宿題を出す必要がある。里親は、里子の転入時に、学校の教員やスクールカウンセラー、場合によっては管理職[訳注4]にも会って、これらの懸念を説明することが大切だ。私がかつてそうであったように、彼らも里子と接した経験があまりなく、里子がどのような課題に直面しているのかもわからない可能性が高いからだ。

　もしあなたが里親なら、教員たちに連絡を取り、できるだけ多くの情報提供とその頻繁なアップデートを求める必要がある。あなたが里子の学校生活に積極的に関わり、関心をもつことが、里子が学校でうまくやるために不可欠なのだ。学校でボランティア活動をする方法を探してほしい。課外活動に積極的に参加するよう、里子を励ましてほしい。里子の学校の勉強に関心をもち、毎晩、本人にできる限りのことをさせるようにしてほしい。勉強を手伝い、よくできたときは褒めてほしい。小学校低学年の里子がいる場合は、毎晩、読み聞かせをしてあげるか、音読するのを聞いてあげてほしい。綴りや作文の勉強を手伝ってあげてほしい。端的にいうと、教員たちに対する里子の擁護者、そして学校での里子の擁護者になってほしいのだ。

　本書では各章の初めに、その章のテーマに関連して、里親や里親と一緒に仕事をしたことがある人の個人的な体験談を載せている。これらの体験談は、里親制度のなかに身を置い

訳注4　本書ではschool administratorsを、文脈に応じて「管理職」や「校長や教頭」と訳している。

て日々を過ごし、里子と関わりながら働く喜びや悲しみ、そして困難を経験した人ならではの見識を含んでいる。これらを読むことで、里親養育に関し、どのような研修や書籍からも得られないような貴重な知見を得ることができるだろう。また、付録として、里親養育下の新規生徒の受け入れ手順とチームミーティングのテンプレートをつけている。これらはコピーして個人で使用することができる。

　これを書いている今、私の住んでいる地域では学校が始まろうとしている。現在わが家で暮らしている二人の里子の担任の先生方とは、すでに会っている。幸いなことに、先生方は、長年にわたって私たち夫婦が迎えた多くの里子たちを教えた経験があり、先生方とは、良いときにも悪いときにも健全な協働関係を築くことができた。里親・教員・ソーシャルワーカーが力を合わせてこそ、里子が学校でうまくやっていける可能性が生まれるのだ。

ジョン・デガーモ博士

里親養育

入門編

数字は悲惨な状況を物語っています。里親養育につきものの問題として、実親以外の養育者からケアを受けることになった人たちの教育には常に深刻な欠乏があります。一般家庭出身だからといって何の障害もなくすんなりと卒業できるとはいいませんが、児童福祉の世界に一度でも身を置いたことがある人なら、教育に関して真っ先に犠牲になるのは里親養育下の若者であることに異議を唱える人はいないでしょう。

　教育に関して私が経験したことは、他の里子たちが経験することとそれほどかけ離れたものではありません。里親養育下に入るということは、今の学校を離れて転校することも意味していました。ちょうど高校１年生を終えようとしているときだったので、次の学年にはすんなりと移行できました。私はいくつかの里親家庭を転々とし、そのたびに学校も転校しました。とても良い里親家庭および学区に身を置いたのですが、その里親家族が私を連れて別の町に移ることになりました。また新しい家、そして新しい学校です。

　他の多くの里親養育下の若者とは異なり、私の成績証明書や学校記録は転校のたびに次の学校にきちんと渡されました。単位を失ったり懲戒を受けたりすることがなかったのは幸運でしたが、度重なる引越しのせいでスポーツに参加する資格は失いました。それでも、なんとかなりました。校内バスケットボールに打ち込み、イヤーブック制作部に居場所を見つけたのです。他の多く

の里子と違って、私はかなり社交的だったので、うまく順応することができました。学校に馴染み、友人を作り、1年以上同じ学校で過ごす安定した日々を楽しむことは、それほど難しいことではありませんでした。

　しかし、その安定は終わり、他の多くの里親養育下の若者たちと同じように、厳しい現実に直面することになりました。卒業の2週間前、私は所定年齢に達したため、里親制度から「自立」しました。ガールフレンドと同居し、高校を卒業して次のステップを考える準備は万端でした。教頭室に呼び出されたときはショックでした。すべてのものがスローモーションになったように見えました。生活状況はどうなっているのか、と聞かれました。私は、年齢に達したので里親制度から外れ、学区内の新しい家に引っ越したことを説明しました。家賃は払っているのか、と聞かれました。私は「いいえ」と答えました。光熱費は払っているか、私宛ての家賃の請求書はあるか、と聞かれました。新しい家には2日しか住んでいなかったので、やはり答えは「いいえ」でした。すると、私が学区内に住んでいることを証明できないので、学校としては私を退学させる方針だと告げられました。

　あと2週間でした。帽子とガウンまで、あと2週間だったのです。廊下での恥ずかしい思い出を、クラスのみんなと気まずく笑い合うまで、あと2週間。大学1年の間バックミラーにぶら下がるはずだったタッセ

ル訳注5まで、あと２週間。高校を卒業した年を思い返せるようになるまで、あと２週間でした。しかし、私はそれらを手に入れることができませんでした。高校の最終学年のことは、私のなかでいつもごちゃごちゃになっています。ほとんど整理できていないのです。

卒業する代わりに、私は学校に置いてあった持ち物をすべて親友の車に積み込むことになりました。そして数日後、私はまたその車に自分の持ち物をすべて積み込むことになったのです。ガールフレンドは別の州に引っ越してしまいました。私は高校卒業資格もなく、当面の間、家もありませんでした。数日前、私には方向性があり、計画がありました。しかし今や、住むことのできない家と私を締め出した学校の外に立ち、目の前に広がるのは非常に暗い未来でした。

しかし、私は幸運でした。親友のお母さんが、息子の車に積んである私の荷物を見て、私に質問し始めたのです。私の知らぬまに彼女が手配してくれて、GED（General Educational Development）訳注6コースを受講し、地元の州立大学付属のカレッジに入学し、親友と一緒にアパートを借りることができました。

里親養育下にあるすべての子どもに、このように面倒

訳注5　米国の高校の卒業式で角帽に吊されて着用される、糸などを房状に束ねた飾りのこと。
訳注6　アメリカやカナダにおいて高等学校卒業程度の学力を有すると証明するための試験。

第 1 章 | 里親養育

を見てくれる人がいるわけではありません。実際、大学どころか、実社会でうまくやっていくために必要な支援を受けている子どもはごくわずかです。数字は嘘をつきません。里親養育を受けた若者のうち、準学士号を取得するのはわずか7%です。私は取得できませんでしたし、私のような人間にとって、大学は楽しすぎて成績は伸び悩みました。そして大学卒業証書を手にするのは、里親養育を受けた若者のわずか3%です。

　その事実をしっかりと受け止めてください。どの年にも、里親養育下の子どもは40万人近くいます。そのうちの2万人は、所定の年齢に達して里親制度から「自立」します。そのうちの**半数**は、ホームレスになります。そのような厳しい状況のなか、3%と7%の子どもたちは自分の道を見つけることができるのです。なんと素晴らしい快挙でしょう！──彼らにとっては。

　それ以外の人は、苦労しながら生きていくことになります。リソース^{訳注7}がない、あるいはリソースに関する知識がないために、彼らは困惑し、挫折してしまいます。あきらめてしまうのです。すぐに収入が得られることに魅力を感じてそのまま社会に出て働き始める人もいます。ある人は軍に入隊し、ある人は犯罪に手を染め、そしてある人はずっと行方不明となります。

訳注7　生活ニーズを充足するために活用される、人材・物資・制度などを含む社会的資源。

里親養育を受けた若者たちがさらに教育を受けられるようなプログラムがあります。奨学金、助成金、連邦政府のプログラムなど、彼らの道を切り開くのに役立つものがあります。これらそれぞれについて、素晴らしいガイドがいます。

　私は、全米で唯一の里親養育の月刊誌を創刊したとき、児童福祉の世界で有能かつ情報に通じたメンバーを探しました。そして、ジョン・デガーモ博士を見つけたのです。私は、自分が書いていることを実践している著者が好きです。そのような著者の記事は、より有益で情熱にあふれており、本物だとわかります。デガーモ博士はまさしく本物です。彼の家はいつも子どもたちでいっぱいです。里子たち、養子たち、そしてデガーモ家の人たちが、一つ屋根の下で仲良く暮らしています。それだけで十分大変なはずですが、博士はそのようななかでも時間を見つけては擁護し、教育し、そして学んでいます。私が彼のなかで一番好きなところは、教育を探究し続けているところ、そして米国の若者の教育に責任のある人たちを教育するために絶え間なく努力を続けているところです。学術的背景をもつ里親が自分に委ねられた子どもたちのことを気にかけている――私はこのようなことを支持します。

　米国の里親養育下の若者たちが抱える問題に、即効性のある解決策はありません。しかし、希望はあります。それに、この国の里親養育下の若者たちの未来を確かな

ものにするための努力は、毎年のように行われています。必要なのは、より多くの情報です。効果的なアイデア、効果的なプログラム、そして変化をもたらしている人々についての情報を、もっと共有することです。ジョン・デガーモ博士は、この会話に加わるべき素晴らしい意見をもっています。博士は、児童福祉分野の学識者としての立場、そして里親養育に関する教育と情報提供に情熱を注いでいる強力な擁護者としての立場の両方で、個人的経験をもっています。皆さんはきっとこの本に引き込まれることでしょう。

　では、さっそく始めましょう。

クリス・フミェレフスキ（Chris Chmielewski）
フォスター・フォーカス・マガジン（Foster Forcus Magazine）
オーナー／編集者／元里子

　米国では、21 世紀に入ってからも、里親委託されている子どもの数が高い水準で推移している。2009 年時点で、米国では約 46 万 3000 人の子どもたちが里親制度のもとで家庭に委託されている（U.S. Department of Health and Human Services 2010）。これらの里子たちの 75％が学齢期にあり、平均年齢は 10 歳である（Child Welfare League of America ［CWLA］2005）。

　子どもたちが里親委託されると、その生活は急激に変わっ

てしまうことがよくある。親や家族と一緒に暮らしたり、周りに知り合いがいたりすることはもうない。その代わりに、ほとんどの場合すぐに、見知らぬ人と一緒に暮らすことになり、知っている人や親しい人たちとは連絡も取れなくなるのだ。実際、里親養育下の子どもたちは、学業や思春期の発達課題への適応に大きな困難を抱えている。このような困難は、後の生活でさらなる問題を引き起こすことが多い。

　里親委託された子どもたちの多くは、新しい学校環境を強いられる。里子はしばしば、何の予告もなく突然自分の家から引き離されて、近隣の郡の里親家庭に預けられる。その結果、新しい家と不慣れな環境に直面する里子には、さまざまな問題が生じる。そもそも里子は、家庭を転々とするため、出席率が低いことが一般的となる。これは、最初の里親家庭への委託だけでなく、他の里親家庭への委託の際もいえることだ。里親やソーシャルワーカーが、子どもを新しい学校に転入させ、カウンセラーやサイコロジスト[訳注8]と面談し、子どもが新しい生活環境に十分に適応するための時間を確保するなどの業務に追われるため、こうした移行期には、児童福祉機関に委ねられた子どもは学校を何日も休むことが多い。子どもを新しい学校に転入させたり、すべての成績証明書の

訳注8　アメリカの学校にはスクールカウンセラー以外にも、スクールサイコロジストという専門職がいる。スクールカウンセラーは職業ガイダンスから始まったこともあり、主に進路面での支援等を行う。スクールサイコロジストは、主に学習面や心理面での検査を行う。参考：門田光司（2010）『学校ソーシャルワーク実践』ミネルヴァ書房、pp.54-55

情報が最新のものであることを確認したりすることは、しばしば難航する。実のところ、教員は里親養育下の子どもが自分の教室にいることに気づかないことが多い。実際、スクールカウンセラーや管理職も、その子どもが里子であるとの情報を得ていない可能性がある。

里子は実にさまざまな情緒的問題を抱えている一方で、多くの教員はそのような問題への対処能力をまったく持ち合わせていない。里子は不慣れで不安定な生活のために、授業中に悪態をつくことがあるが、多くの教員はこうした問題に気づき、対処するための訓練を受けておらず、そのためのリソースももっていないのだ。また、里子は大人を信頼することに困難を抱えていることが多く、大人との信頼関係がうまく築けないことも多い。そのため、教員と里子の関係は、かなり多くの場合、不健全なものとなってしまう。

教員もスクールカウンセラーも、里子を指導する際に必要となるような背景情報をもっていないことが多い。ほとんどの場合、法的保護における守秘義務の問題から、背景情報の開示は許可されていない。しかし、教員が生徒のニーズや能力を十分に理解するためには、このような情報が必要となる。教員が子どもについてより多くの情報をもっていればいるほど、その子どもの行動や学業を支援しようとするときに、より良い態勢を整えることができるのだ。

慣れ親しんだ家庭から不慣れな家庭への突然の移動はトラウマ的経験となりうる。そのため、里親養育下の子どもたちは、家族や大切な人たちとの別れに、さらには新しい家庭、

里親、そして自分たちが選んだわけではない不慣れな環境に適応する難しさに直面して、さまざまな押し寄せる感情に苦しむことが多い。このことは、里子のメンタルヘルスに関する懸念が伴うものとなる。なぜならば、里子が置かれた新しい環境や状況によって、里子の精神状態が乱れ、崩れてしまうリスクが生じるからだ。

　里子たちは、学校生活で適切な行動を取ることに困難を伴うことが多い。多くの里子たちにとって学校は、自分たちが本当の家庭をもたない里子であることを、事あるごとに思い知らされる場所なのだ。同級生は実の家族と暮らしているのに、自分はそうではないということを常に思い知らされることは、彼らにとってつらい現実であり、それはさまざまな形で表出されることがある。ある里子は、引きこもりや非社交的になり、自分たちが押しつけられた現在の環境と世界から逃れようとする。里子のなかには、暴力的な行動が常態化し、学校だけでなく、里親家庭でも否定的で破壊的な行動を取るようになる者が多くあり、このことがまた別の里親家庭や学校への移動につながってしまう。

　里親制度は複雑であるばかりでなく、一般の人々や学校の教員にもあまり知られていない制度だ。里親養育を受けるなかですべての里子が経験する困難がどのようなものなのかを理解するためには、この制度をよく知る必要がある。また、学校内外で里親養育下の若者に日常的に関わる里親や教員やソーシャルワーカーが直面している困難を理解することも重要だ。

米国における里親制度の沿革

　米国の里親制度を理解するためには、18 世紀までさかの
ぼる必要がある。当時、地方自治体の役人たちには、貧しい
人々の救済が課せられていた。これらの役人たちには、多く
の場合、金銭的な救済の代わりに貧困家庭の子どもを年季奉
公させる権限も与えられていた。地方の役人たちは、子ども
たちにきちんと食事や住居や衣服が与えられ、必要な技能訓
練が提供されるよう配慮しなければならなかった。孤児の数
が増え、恵まれない子どもたちの問題への認識が社会のなか
で高まると、孤児院が設立された。

　19 世紀初頭には、後に中産階級となる階層が形成された。
その頃、幼児期は人間形成において重要で特有の意味をもつ
期間であるという考え方が広まった。植民地時代に一般的
だったような、子どもの意思をくじくようなやり方ではなく、
道徳や行動に関する信念を内面化させることによって、子ど
もの性格を形成すべきだと考えられるようになったのだ。そ
の結果、子育ての方法も変化し、子どもたちは、より長く生
きられるようになり、幼い頃から労働力になることを強いら
れるのではなく家にいる時間が長くなっていった。19 世紀
初頭は、低所得者層の家庭の子どもだけを年季奉公させる時
代でもあった。州によっては、子どもたちに年間最低 3 か月
の教育を施すことが義務づけられていた。19 世紀半ばにな
ると、各州が子どもの年季奉公に消極的になり、宗教団体や
慈善団体が独自に孤児院を開設するようになった。

1853 年という年は、孤児や貧困に苦しむ子どもたちに対する考え方が大きく変わった年である。孤児院や保護施設を厳しく批判していたチャールズ・ローリング・ブレイス（Charles Loring Brace）は、これらの子どもたちを従来の孤児院ではなく、家庭に委託することを提唱したのだ。ブレイスは、子どもは施設に入れるよりも家庭に入れるべきだという考えから、この年の暮れに児童援助協会（Children's Aid Society、CAS）を設立した。ブレイスは都市での生活に反対し、個人的な信念として、子どもは農村地域で暮らすべきだと考えていた。そのため、ブレイスは都会のスラム街に住む子どもたちを、田舎の家庭に委託するよう努力した。そして 1873 年にはメアリー・エレン・ウィルソン（Mary Ellen Wilson）が登場する。この少女は、近所の人からの通報で教会職員に発見された。幼いメアリー・エレンは、あざがあり、痩せていて、皮膚には汚れがこびりついていた。ニューヨークの判事がこの状況を知ると、メアリー・エレンは家庭から引き離されて、別の家庭に委託された。こうして、彼女は最初の正式な里子となった。

19 世紀後半になると、児童虐待や親のネグレクトといった社会問題の重要性が認識されるようになった。児童虐待防止協会（Society for the Prevention of Cruelty to Children、SPCC）が設立され、東部の大都市で活発に活動するようになった。やがて、SPCC のメンバーは、虐待やネグレクトのある家庭から子どもを引き離し、他の家庭や孤児院に預ける許可を裁判所から得るようになった。マサチューセッツ州ボ

ストンの家庭に例を見るように、子どもを迎え入れた家庭には報酬が支払われるようになった。このような家庭への支払い方針の変化に伴い、子どもの措置機関は、子どもたちが委託されている家庭の状況をより詳しく調べるようになった。そして、「里親養育（foster care）」という言葉が流行し、「（施設外）一般家庭委託（boarding out）」という言葉に取って代わることもあった。

1909 年には、ホワイトハウス児童評議会（White House Council of Children）において、それまでの児童福祉に関する理念や方針を変更する決議がなされた。この決議は、子どもは幸せで安定した環境で育てられる必要があるという信念に基づく新しい理念だった。1915 年になってまもなく、カリフォルニア州が子どもたちに委託先家庭を見つける機関を認可し、また規制するようになった。その 5 年後、州は委託先家庭に報酬を支払うようになった。

社会保障法（Social Security Act）の第 4 編に位置づけられた「要扶養児童家庭扶助（Aid to Dependent Children、ADC）法」は、貧困家庭に連邦資金を提供し、子どもを孤児院に預けることなくそれぞれの家庭で養育できるようにするものだった。さらに、ADC には連邦政府の資金が追加され、これは家庭から引き離された子どもたちを保護している機関への支援に充てられた。1950 年には、孤児院などの施設にいる子どもたちよりも、里親家庭に委託されている子どもたちの数の方が多くなった。その後、里親家庭に委託されている子どもの数は増え続け、1960 年には施設にいる子どもの数

の2倍になっていた。1968年にはこの数は3倍になっており、さらに1976年には里親家庭に委託されている子どもの数は10万人を超えた。

　里親制度については、「安易に里親委託するのは問題だ」との厳しい批判が相次いだ。その結果、連邦議会は、1980年に里親養育に関する連邦法である「養子縁組支援および児童福祉法（Adoption Assistance and Child Welfare Act）」を成立させた。この法律は二つの重大な問題に対処するものだった。一つ目の問題は、州が子どもと家庭の関係への介入手段として、もっぱら里親制度に頼っていたことである。二つ目の問題は、政府が「家庭外で生活する子どもをどこに預けるか」という増え続ける困難に対して、子どもの里親委託を答えとみなしていたことである。これを念頭に置いて、連邦議会は州に対し、州独自の方法、社会資源、その他のサービスを用いて、子どもが自分の家族のもとで安全に暮らせるようにすることを期待したのだ。

　1970年代から1980年代前半にかけて里親家庭に委託される子どもの数は減少したが、1980年代半ばからその数は大きく増加した。1987年から1992年の間に、里子の数は28万人から46万人以上となった。また、里親制度外で祖父母に育てられている子どもたち、あるいは実親家庭からは出ているが親族家庭で暮らしている子どもたちの数は、200万人から300万人に増加した。1997年、「養子縁組と安全な家族法（Adoption and Safe Families Act、ASFA）」が可決された。ASFAは、連邦政府および地方の当局者に、急増する里親

養育数に焦点を当てたプログラムを作成する責任を負わせ、主に子どもが里親のもとで過ごす時間を短縮することに焦点を当てることを義務づけた。

現在、里親制度は、州レベルでも国家レベルでも、大幅な予算削減に直面している。ソーシャルワーカーは過重労働と低賃金にあえぎ、部門は人手不足に陥っている。しかし、里子の数は全米で増え続けている。今こそ、過去に目を向け、現在と未来の課題に児童福祉機関がどのように対応すべきかを考えるべきときなのかもしれない。

里親養育

里親養育は、実親以外の家庭や環境に委託されることを必要とする子どもたちのための措置の一形態である。里親養育は一時的措置であることが意図されているため、里親家庭での生活期間は里子によって異なる。里子が里親制度下で過ごす期間は平均 28.6 か月で、里子のうちの半数は実親家庭から離れて 1 年以上過ごしている（CWLA 2005）。その結果、これらの子どもたちのほとんどは、人格形成期の初期に安定した養育環境を経験していない（American Academy of Pediatrics 2000）。

子どもたちが里親養育下に置かれる理由はさまざまだ。これらの理由の多くは共通しており、子どもは数多くの精神的・情緒的な問題を抱えている（American Academy of Pediatrics 2000）。実際、高山（Takayama）・ウルフ（Wolfe）・コー

ルター（Coulter）（1998）によると、里親養育下に置かれる子どもの51％が親の薬物乱用がある家庭の出身であり、これらの親の15％は収監もされている。また、実親の4％は精神疾患の診断を受けている（Takayama et al. 1998）。里子の30％はネグレクトのために家庭から引き離されており、25％は身体的、性的虐待を受けていることがわかった（Takayama et al. 1998）。また、里親養育下に置かれる子どもたちの24％は養育者がいない状況で生活していた、もしくは事実上家族から見捨てられていた（Takayama et al. 1998）。また、里子全体の60％が健康上の問題を抱えていることがわかった（Takayama et al. 1998）。一般に、里親養育下の子どもの94％が何らかの身体的な健康問題に苦しんでいる（Leslie et al. 2003）。

　里親制度における措置は、さまざまな形態で行われる。血縁関係のない里親のもとで暮らす子どももいれば、一時的に親戚のもとで暮らす子どもや、養子縁組を望んでいる家族のもとで暮らす子どももいる。200万人以上の子どもたちが、グループホームに住んでいたり、家族の友人と暮らしているなど、里親制度外の共同生活者とともに暮らしている（CWLA 2005）。さらに、グループ型または居住型治療センターで生活していたり（Evans and Armstrong 1994; Grogan-Kaylor 2000）、「治療的里親養育（Treatment Foster Care）」として知られる、治療サービスが提供される集中型の措置形態で生活している里子もいる（Meadowcroft, Thomlison, and Chamberlain 1994）。

　里親制度のもとで子どもが保護される場合、最終的にはその子どもが実親と再統合されることが意図されている。2005 年には、里親制度を離れた子どもの 54％が実親または実家族と再統合されている（CWLA 2005）。しかし、実親と再統合された子どもは、再統合されなかった子どもに比べ、よりネガティブな結果に直面することを示唆する研究結果もある（Taussig, Clyman, and Landsverk 2001; Wulczyn 2004）。

　地元の児童福祉機関および裁判所が、現在の生活環境や実親の養育が子どもの幸福にとって不適当で有害であると判断した場合にのみ、子どもは里親養育を受けることになる（Marcus 1991）。2005 年に里親養育下にあった 51 万 3000 人の子どものうち、61％が白人の子ども、15％が黒人、17％がヒスパニック、1％がアメリカンインディアン、3％がアジア人、4％が二つ以上の人種の組み合わせであった。男子が 52％と過半数となっていた（CWLA 2005）。

里親養育下の子どもたち

　里親養育は、生まれてから 18 歳になるまでどんな子どもでも受けることができ、ほとんどの場合、18 歳で里親制度から「自立」することになる。2006 年の時点で、里親養育下の子どもの平均年齢は 10.2 歳[訳注9]で、里親養育を受け始

訳注9　引用元（AFCARS Report #14）では、平均年齢9.8歳、年齢の中央値は 10.2歳となっている。

めるときの子どもの年齢の中央値は7.5歳、この制度から離れる子どもの年齢の中央値は9.5歳である（Adoption and Foster Care Analysis and Reporting System［AFCARS］2009）。里親養育下の子ども全体の47%は10代[訳注10]である（Massinga and Pecora 2004）。

　里親家庭への委託は、その子どもにとって人生の転機となる体験だ。「里親委託に伴う混乱（placement disruption）」とは、子どもが家庭から引き離され、児童福祉機関の保護下に入る、つまり里親家庭に委託される時期を指して使われる用語だ。多くの子どもにとって、この時期は未知の世界への不安に圧倒される恐ろしい時期である。子どもによっては、家族から引き離されることに感情的な拒否を示し、怒りでいっぱいになることがある。実親家庭や里親家庭との別れは自分のせいかもしれないと思い、罪悪感が生まれることもある。また、自分は家族と一緒にいるにまったく値しなかったのだと感じ、自信を喪失する子どももいる。いずれにしても、里子の人生を永遠に変えてしまうようなトラウマ的体験なのだ。

　多くの心理学者は、子どもが社会的・情緒的に成長するためには、少なくとも一人の主要な親または養育者との関係を形成することが必要であるとしている。しかし、子どもを自分の家から引き離し、里親制度を通して他人の家に委託することは、しばしば困難でトラウマ的な体験となってしまう。

訳注10　原書では「teens［＝13〜19歳］」となっているが、引用元の論文では「11歳以上」となっている。

多くの場合、家庭から子どもを引き離すことは、ケースワーカーが証拠を集め、その証拠を裁判所に提出し、子どもを引き離すようにとの勧告が出た後に行われる。実際、里親委託のほとんどは、裁判所の制度を通して行われる。

　里親養育を受けている人は、学業成績や思春期の発達課題への適応に大きな困難を抱えることがある（Harden 2004）。このような困難は、後にさらなる問題を引き起こすことが多い。里親養育下に置かれたことのある 10 代の若者に対してコートニー（Courtney）ら（2001）が行った統計調査では、男子の 27％、女子の 10％が、ある時点で収監された経験があることが判明した。さらに、33％が政府からの生活保護を受けており、37％が高校を中退し、50％が失業していることが明らかになった。また、元里子の 30％がホームレスであることも明らかになった。

　子どもたちは、さまざまな理由で里親養育下に置かれる。これらの理由の多くは共通しており、子どもは数多くの精神的・情緒的な問題を抱えている。子どもが里親養育下に置かれる理由には、以下のうちの一つまたは複数が含まれているかもしれない。

　　◆**ネグレクト**：子どもはさまざまな形でネグレクトを受ける可能性がある。親が子どもの基本的欲求である食事の世話を蔑ろにすることがある。衛生的な生活環境が軽視され、子どもが不衛生な家に放置されることもある。適切かつ必要な医療を受けさせない

ことも、ネグレクトの兆候の一つだ。子どもを安全
でない環境に置くという、監護の欠如によるネグレ
クトに直面する子どももいる。また、多くの里子は、
親や大人から情緒的ニーズを満たされないことによ
る、情緒的ネグレクトに苦しんでいる。

◆**身体的虐待**：虐待にはさまざまな形態がある。親や
養育者による身体的傷害もその一つである。身体的
虐待にもさまざまな種類があり、受ける傷害の程度
も、目に見える打撲から、親や養育者が子どもに身
体的暴行を加えるような悲劇的な状況までさまざま
である。身体的虐待は、子どもをクローゼットやそ
の他の狭い空間に閉じ込めるという形で行われるこ
ともある。多くの場合、児童福祉機関は親に働きかけ
けて、別のやり方でしつけることを学ばせようとす
る。しかし、これらの方法がうまくいかず、子ども
への虐待が続くと、州が介入し、子どもを家庭から
引き離す。

◆**性的虐待**：憂慮すべきことに、性的虐待もいくつか
の異なる形態を取ることがある。子どもへの性的虐
待には、盗撮、ポルノ作品の鑑賞、子どもとの性的
行為、すなわち性的な愛撫や挿入（強姦）などの行
為が含まれる場合がある。

◆**親の薬物・アルコールの乱用**：薬物やアルコールを
乱用する親は、子どもを危険にさらすことになる。
このような危険は、ネグレクト、身体的虐待、家庭

内暴力につながる可能性がある。

◆**子どもの薬物・アルコールの乱用**：子どもに薬物やアルコールの摂取を許す親も、子どもを危険にさらすことになる。親はその危険性を無視しているか、子どもが薬物やアルコールを乱用していることに気づいていない可能性がある。

◆**家庭内暴力**：二人以上の養育者が激しく口論する環境で生活している場合、その暴力によって子どもの安全が脅かされる。

◆**不適切な居住環境**：親が子どもに清潔で安全で健康的な環境を提供できなくなった場合、子どもは親から引き離されて里親委託される。多くの場合、これらの子どもたちはホームレス状態である。

◆**収監**：親や養育者が全員刑務所に入ったために子どもの面倒を見られる人が誰もいなくなり、子どもが里親委託されることがある。

◆**死去**：ごくまれに、親の死去によって、子どもを養い面倒を見る意思や能力がある家族が誰もいない状況になることがある。

◆**育児放棄**：育児放棄は、親や養育者が自発的に子どもから離れることを選択した場合に起こる。多くの場合、この放棄は、友人、隣人、あるいはベビーシッターに対して行われる可能性がある。また、親が長期にわたって子どもを家に置き去りにすることもある。

面会交流

　面会交流とは、里子と実親・実家族との間で行われる、計画的な対面での面会のことである。このような面会交流は、里親養育の最終目標である子どもと両親の再統合を実現するための主要な要素である、と多くの人が考えている。面会は、例えば地域の公園、教会、児童福祉機関など、アクセスの良い中立的な場所で行われる。この面会は、ソーシャルワーカーが、里子と実親・実家族との関係についてアセスメントを行い、実親が再統合の可能性に向けてどの程度準備を進めているのかを判断する機会となる。また面会交流は、養育スキルを訓練する機会を実親に提供する。ソーシャルワーカーは、これについてのアセスメントも行う。定期的に、かつ一貫して面会交流に参加する実親は、子どもと再統合できる可能性が高くなる。

　里子にとって、面会交流には多くのプラス面がある。まず、里子が実親や他の実家族と面会することで、実親から見捨てられたという感覚を弱めることができるだろう。うまくいけば、子どもは実親が自分を愛し続けてくれているのだと安心して、心のなかで疑念を抱き葛藤の種となっているはずの自尊感情を高めることができるだろう。このような感情を表現することで、子どもは情緒的に回復することができるのだ。また実親は、子どもが良い家庭にいること、里親の言うことを聞き、里親家庭のルールに従わなければならないことを子どもに改めて言い聞かせ、その結果自分たち自身と里親との

関係をより良くすることができる。実際、実親と定期的に面会している子どもは、里親家庭に委託されている状態に慣れるにつれて不安の度合いが減り、里親宅や学校で問題行動を取ることが少なくなる。

　面会交流は、里子と里親の両者にとって、時に混乱と恐怖の時間となることがある。里子が所定の場所に到着しても実親が現れず、待ちぼうけを食らうことは、最も痛ましい経験となりうる。また、実親と面会しても、里親のことを悪く言われる里子もいる。里親と実親の両者に対する忠誠心に悩む子どももいる。さらに、実家族から誤った希望、つまりすぐに再統合できるという希望を抱かされる子どももいるかもしれない。こうした里子の多くは、混乱し、苛立ち、落ち込み、あるいは不安でいっぱいの状態で里親のもとに戻ってくる。実親の行動を理解しようと苦しみ、家庭内や学校での不良行為が増えるかもしれない。その結果、里親、ソーシャルワーカー、そして教員までもが、面会交流を恐れるようになることがある。なぜなら、面会交流によって生じた感情の断片を自分が拾い上げなければならないと感じるから、あるいは、人によっては、里子との関係が振り出しに戻ってしまったと感じるからだ。

里　親

　里親とは、課題を抱えた子どもたちを支援するために、里子に自宅を開放する人たちのことである。これらの認定され

た養育者は、何時間もの研修を受け、事前説明会に出席し、自宅を児童福祉機関に承認してもらい、犯罪歴のチェックを受けなければならない。里子を家庭に委託された里親には、取り組むべき数多くの課題がある。スコフィールド（Schofield）とビーク（Beek）（2005）は、以下のような課題があるとしている。(a) 信頼を促進する、(b) 権威（authority）を促進する[訳注11]、(c) 自尊感情を高める、(d) 家族意識を高める、(e) 自主性を促進する。また、マシンガ（Massinga）とペコラ（Pecora）（2004）は、以下のような課題を挙げている。(a) 安全基地（secure base）と家庭を提供する、(b) 子どもの行動を理解し、それに対処する、(c) 子どもの思考と感情を理解し、それらに対処する、(d) ソーシャルワーカーと協働する。

ソーシャルワーカー

ソーシャルワーカーは、里子に割り当てられる児童福祉機関の職員で、通常、その子どもが児童福祉機関の保護下にある間ずっと、その子どもを担当する（K. Lanier, personal communication, May 21, 2010）。ソーシャルワーカーは、里子と里親の両者にとって最適な家庭環境を見つけることを目指

訳注11　引用文献であるSchofield & Beek（2005）では、里親養育が子どもにとって安全基地（secure base）となるために必要な要素として、権威（authority）の促進ではなく、内省的機能（reflective function）の促進を挙げているが、あくまで原文通りの訳出を行った。

し、その子どもを委託する里親家庭を選択する。里親養育を支援するソーシャルワーカーが割り当てられると、里子は新しい学校に転入することが多い。最終的には、実親・実家族との再統合を目指すことになる（Falke 1995）。ソーシャルワーカーは、課題を抱えた子どもたちと関わって働くことが多いため、メンタルヘルス上の支援を提供するために特別な研修を受けている。また、子どもの医学的ニーズがきちんと満たされているよう配慮する。

　ソーシャルワーカーは、深刻な問題行動を起こす子どもや、置かれた状況のせいで精神的に落ち込んでしまっている子どもたちと接することが多い。また、子どもを自分たちから引き離されたことや自分たちの個人的な問題で、児童福祉機関やソーシャルワーカーまでも非難する、怒り狂う実親を相手に仕事をしなければならないこともある。

　しかし、ある郡の家庭・子どもサービス課（Department of Family and Children Services、DFCS）のソーシャルワーカーによれば、厳しい労働条件、低い報酬、人員削減による取扱件数の増加、そして実親・里子・里親への継続的な支援の責任などから、ソーシャルワーカーの22%はこの仕事を1年以上継続できないという（K. Lanier, personal communication, May 21, 2010）。

第 2 章

里親委託がもたらす混乱

午後３時半になると、今日もまた宿題との闘いが始まるのかと暗澹たる気持ちになりました。私たちは、４か月前に、実親家庭でひどい性的虐待を受けていた二人兄妹の委託を受けていました。この兄妹は素敵な子どもたちでしたが、とても愛情に飢えていました。それぞれが学校に悪戦苦闘していましたが、それは二人の知的発達が遅れていたからではなく、集中することができなかったからでした。

　毎日午後、私たちはキッチンのテーブルに陣取りました。そして、それからの１時間から２時間半の間、私は励ましたり、促したり、懇願したりして過ごし、最後には後でやろうと宿題を脇に押しやるか、なんとか課題を終わらせるのでした。出来上がったものは、消しゴムで紙が破れて穴があいていたり、ページの割に大きすぎる字で文が書かれていたりしましたが、少なくとも私たちはやり遂げたのです！

　この子どもたちも、他の里子たちと同じように、心に傷を負っていて、集中することが難しく、発達障害のある子どもたちのような行動を取っていました。私たちの家庭は、二人が実親家庭を離れてから２番目の家庭であり、二人にはうつ病の症状が見られました。先生方と何度も会い、メールやメモ、電話などでやり取りをしました。私たちは皆、この子どもたちがうまくやるのを見たかったのです！　しかし……

　子どもが盗みをはたらき、嘘をつき、おもらしをし、

ロで小さく変な音を出し、駆け寄ってきて「ママ、本当に愛してる」というメッセージとハートの絵がかかれた紙を渡してくる理由を、先生にどう説明すればいいのでしょうか?

　悪夢を見て泣き続けたり、秘密をしゃべりながらもっと抱きしめるように求めてくる理由をどう説明すればいいのでしょうか?　50年以上も子どものケアに携わり、何百人もの子どもたちがわが家にやって来ては去っていきましたが、一つの委託先から次の委託先へとたらい回しにされる子どもたちが被るダメージをどのように修復すればいいのか、私にはいまだにわかりません。愛がすべてに打ち勝てるわけではないのです。

　このことを理解するヒントをくれたのは、8歳の里子かもしれません。算数の宿題をなんとかやり遂げようと悪戦苦闘して二人で苛立った後、彼は私を見つめてこう言ったのです。「他の学校では、ここで習うのとは違う方法で習ったんだけどね」。

　それぞれの学校が同じ教科を異なる方法で教え、それぞれの里親家庭に異なるルールや期待があるとしたら、8歳の子どもが(これに関してはどの年齢の子どもであっても)、悪夢やホームシックを十分に乗り越えて、こうした変化すべてが引き起こす混乱を整理できると期待するのは酷というものでしょう。もしかしたら、別の方法で学ぶ必要があるのは、私たちの方なのではないでしょうか?　この章には、私たちを啓発し、投げ出さないよう

　　　　　　　に励ますような知見が含まれていると思います。

マーリーン（Marlene）、里親歴 27 年

　想像してみてほしい。前もって何も知らされることなく、突然母親と父親から引き離されることを。きょうだいやペット、ぬいぐるみ、おもちゃを取り上げられることを。自分の寝室、家、庭、そして住み慣れた地域からよそへ連れて行かれることを。親戚からも、友人からも、同級生からも、あなたの知っているものすべてから、突然引き離されることを。さらに、その後突然、見知らぬ家に見知らぬ人たちと一緒に押し込まれて、当分の間はここがあなたの新しい家であり、この人たちが新しい家族なのだと言われることを。どう感じるだろうか？　毎年多くの子どもたちにとって、これは想像の話ではなく、現実である。そしてその現実は、疑問と恐怖とトラウマに満ちたものなのだ。

　子どもにとって、このような経験はとてもつらいことだ。しかし、それ以上にトラウマになるのは、前もって何も知らされることなく、自分が生まれた家からよそへ連れて行かれることかもしれない。このような緊急の引き離しは、夜遅く、しかも子どもたちには前もってほとんど何も知らせることなく行われることが多い。ソーシャルワーカーは、突然子どもを家から連れ出すので、ほとんどの場合、子どもには何の準備もできていない。里親委託される子どもたちは、ほとんど

の持ち物を家に残し、わずかな衣類と大切な持ち物を急いでビニール袋に詰めて、別れを惜しむ間もなく家を出る。そして、気づいたときには、見知らぬ人たち、初めて会う人たちの前に立っている。彼らは、自分の意思に反して、彼らの新しい家となる見知らぬ家にいるのだ。里親養育下の子どもたちのほとんどにとって、それは恐怖や不安を感じる時間であり、最も勇気ある子どもたちでさえも怖くなる時間である。実際、里親委託された子どもたちは、多くの場合、この変化をコントロールできず、どこに委託されるのかについても、いつ実親家庭に戻るのかについても、コントロールできない。里親養育下の子どもたちに、うつ病やさまざまな行動上の問題や不安による問題が次々と現れるのは、このようなコントロールの欠如が原因であることが多い。

　不安による問題は、さまざまな形で現れる。里子たちが最もしばしば直面するのは、おそらく分離不安だろう。里子たちは、家や家族、そして最も愛着のある人たちとの別れについて、過剰な心配をして苦しんでいる。実際、家から家へ、里親から里親へと転々とするほど、つまり措置変更が度重なるほど、その不安は大きくなっていく。度重なる措置変更を経験する子どもたちは、しばしば自分の生活に他人を介入させないために壁を作り、自分自身を隔離する。そうすることで、新しい家族と距離を置こうとすると同時に、自分自身をコントロールできている感覚を得ようとするため、里親に嘘をついてしまう子どもも少なくない。

　里親委託された子どもたちは、しばしばメンタルヘルスの

問題を抱える。里親委託がもたらす混乱は、子どもが自分の世界全体が崩壊したかのように感じるほど、深刻な問題となることがある。子どもにとっては、実際にその通りなのだ。自分の世界で正しいとされていたことが、すべてひっくり返っている。悩んだり、怖くなったりしたときに慰めてくれる母親や父親は、もうそこにはいない。一緒に暮らし、一緒に成長し、一緒に笑い、一緒に泣いた家族は、もうそこにはいない。毎朝目覚めるベッドは、もう違うものになっている。多くの里子たちにとって、通っていた学校も、教わっていた先生も、関係を築いてきた友人も、奪い去られてしまった。その代わりに、子どもたちは見知らぬ家族と暮らし、違う家で朝を迎え、見慣れない教室に座っており、自分を一番よく知って愛してくれる人たちはもう周りにはいないのだ。里親委託された子どもたちは、新しい家と新しい家族に適応するのに苦労しながら、こうしたトラウマ的な出来事に対処して生き延びようとすることが多い。永続的な家庭の欠如に加えて、これらの子どもたちが人生で被った損失は、当然のことながら、彼らが主要な養育者との安全で健全なアタッチメントを形成するのを妨げることがよくある。

　悲しいことに、里子の大半は、メンタルヘルスの問題のほとんどについて必要な対処を受けられないのが現状である。さらに、里子たちが抱えている心理的・情緒的問題が、里親委託されている間に改善・軽減されるどころか、悪化・拡大することさえある。多くの場合、里子たちはメンタルヘルスと発達成長の問題に関して十分なサービスを受けておらず、

この状況は当面変わらないだろう。これは、政府の資金とリソースの不足、そして全米のほとんどの州で児童福祉に関するソーシャルワーカーが人員不足で過重労働の状況にある、という単純な問題によるものだ。

不安障害

　不安による問題は、さまざまな形で現れる。里子が最もよく直面する問題は、おそらく分離不安だろう。里子は、家や家族、そして最も愛着のある人たちとの別れについて、とても心配をして苦しんでいる。実際、子どもが移動を繰り返すほど、その心配は大きくなっていく。

　その他の不安障害としては、強迫性障害があり、子どもは必要だと思う気持ちから、望まない思考や行動や行為を繰り返す。また、パニック障害では、子どもは激しい恐怖の発作を経験するが、その理由は必ずしもはっきりしない。このような発作は突然で予期せぬものであり、またその性質上、繰り返し起こることがある。また、パニック障害は、息切れ、めまい、動悸、胸痛といった、強い身体症状を伴うこともある。里子が直面する可能性のあるもう一つの不安障害は、社交不安障害、すなわち、恥をかくことや他人の批判にさらされることへの恐怖である。

反応性アタッチメント障害

　反応性アタッチメント障害とは、子どもが他者と健全なア
タッチメントを形成することが非常に困難になっている状態
である。それに伴い、このような子どもたちは、どのような
社会的レベルであれ、他者とつながることが非常に苦手だ。
また、反応性アタッチメント障害と診断される子どもたちに
とっては、感情をコントロールすることも非常に難しい。未
診断のことも多いが、里親養育下の子どもたちの多くが反応
性アタッチメント障害を抱えている。これは、里親やソー
シャルワーカーには馴染みのない障害かもしれない。

反応性アタッチメント障害の原因

　すべての乳幼児、そしてすべての子どもは、愛されている
と感じる必要がある。幼い子どもは、愛情深い大人に対する
信頼感を育むとともに、養育者と健全で愛情に満ちた絆を深
める必要がある。このような単純な情緒的・身体的欲求が無
視されたり、代わりに大人から情緒的・身体的虐待を受けた
りすると、アタッチメントの問題が生じる。このような状態
に陥った子どもは、幼いうちから、他人に対して不信感を抱
くと同時に、社会的な場で他人との接触を避けることを学ぶ。
反応性アタッチメント障害は数として多くはないが、一般に
子どもが５歳になる前、ほとんどの場合、乳児期あるいは幼
児期に始まることを科学者たちは発見している。

　里親養育を受けている子どもは、数多くの理由から、反応

性アタッチメント障害を発症する可能性がある。まず第一に、反応性アタッチメント障害は、子どもが他者と社会的にうまく関わることができなくなる障害であるため、里親養育を受けている子どもたちのなかで、度重なる措置変更を経験している子どもがより発症しやすいといわれている。度重なる措置変更とは、里子が一つの里親家庭から別の里親家庭へと頻繁に移動することをいう。移動のたび、措置変更のたびに、子どもはトラウマを抱えることになる。実際、度重なる措置変更によって、子どもが別の養育者と健全で愛情に満ちた絆を築くことが難しくなっていく。

　悲しいことに、里親養育を受けている子どもたちの多くは、実家族や養育者から極端なネグレクトを受けている。このような子どもたちは、乳幼児期に切実に必要とされる健全なアタッチメントを形成する機会がなかったのだ。反応性アタッチメント障害の他の原因としては、幼少期の身体的・精神的・性的虐待、深刻な貧困に苦しむ家庭での生活、親の経験不足や育児放棄、家庭内でのアルコールや薬物の乱用、実親との離別、長期の入院、親の情緒不安定やうつや長期の病気、あるいは単に日常的な関わりの不足などが挙げられる。

兆候と症状

　先に述べたように、反応性アタッチメント障害は、乳幼児期から発症する可能性がある。したがって、この障害の兆候は、人生のかなり早い時期に子どもに現れ始めることがある。反応性アタッチメント障害をもつ赤ちゃんは、内に引きこ

もっているように、あるいは悲しげに見えるかもしれない。このような赤ちゃんは、他者から引きこもることが多いだけでなく、頭を撫でる、なだめるような言葉や声でささやくといった、大人が赤ちゃんをなだめて落ち着かせようとするような行動に反応を示さないことが多い。反応性アタッチメント障害の赤ちゃんの多くは、他者がしつこく笑わせようとしても、まったくとまではいわないまでもほとんど笑わない。また、視線を合わせないことも、この障害の兆候の一つだ。誰かが部屋を横切ったり、目の前を通り過ぎたりしても、その人を目で追わないことが多い。また、「いないいないばあ」など、小さな子どもが興味をもつような他者との対話型の遊びに反応しないことも、この障害をもつ赤ちゃんの特徴である。

　反応性アタッチメント障害の子どもが大きくなるにつれて、症状はより厄介になり、対処するのが難しくなることがある。怒りに関する問題が発生し始め、癇癪を起こしたり抑えきれない怒りにかられたりして悪態をついたり、「受動的攻撃性（passive aggressive）」を示したりするかもしれない。反応性アタッチメント障害の子どもたちの多くは、無力を感じる事態を避けるため状況や人をコントロールし続けようと努力するが、むしろ反抗的で不従順な行動を取ったり、すぐに他の人と口論になったりすることがよくある。実際、怒りやコントロールの問題を抱えている人は、そうでない人に比べて、同級生に対して攻撃的な行動を取ることが多くなるかもしれない。また、反応性アタッチメント障害と診断された人には、

自分の否定的な行動や振る舞いに対する反省や罪悪感が欠落していることがよくある。

　反応性アタッチメント障害の子どもたちのなかには、怒りに関する問題を示す子どももいるが、逆に乳幼児期にそうであったのと同じように、内に引きこもる子どももいる。このような子どもは、同級生を含む他者との交流を避けようとし、ぎこちなく気まずい振る舞いをするようになる。ある子どもは、どんな形であれ他者と物理的に接触することを何らかの脅威として認識し、このような接触から距離を置こうとするだろう。さらに、そのような子どもは、別の人に（たとえ見知らぬ相手であっても）愛情深い関係を不適切に求める一方で、親や養育者にはほとんど、あるいはまったく愛情を示さなくなる可能性が高い。

　反応性アタッチメント障害の子どもは、二つの異なる兆候と病態パターンを示すことがある。一つ目の「抑制行動（inhibited behavior）」は、他者との関係やアタッチメントを避けたり、妨げたりする行動だ。前述したように、このタイプの子どもは、他人や周囲の環境から引きこもったり、情緒的に離れたりする。二つ目の「脱抑制行動（disinhibited behavior）」[訳注12] は、見知らぬ人を含め、誰かれかまわず近くにいる人から注意を引こうとする子どもに起こる。このような子どもは、事実上相手が誰であっても慰めや注目を得よう

訳注12　アメリカ精神医学会の「精神障害の診断・統計マニュアル」（DSM-5）では、現在、アタッチメント障害は抑制型だけを指すようになり、脱抑制型は対人交流障害の分類となっている。

とするが、同時に、他人から非常に独立した行動を取ろうとする。また、同級生に助けやサポートを求めることを拒むことが非常に多い。脱抑制行動を取る子どもは、ときに実年齢よりずっと幼い子どものように振る舞うこともあり、不安の度合いが強いようにも見えるかもしれない。

うつ病

　家族を失うことで、里子はうつ病に陥ってしまうことがある。このような抑うつ感情は、里子の生活のあらゆる領域に影響を及ぼす可能性がある。例えば、家庭内での行動や役割、学校環境、同年齢の子どもたちとの関わりといったことだ。うつ病の子どもは、強く継続的な悲しみの兆候を示すことがある。また、自分の学校生活に集中することが非常に困難となり、代わりに死や希死念慮に関心が向いてしまうことがある。また、食欲喪失や食生活の急激な変化もうつ病に起因している場合がある。また、里親委託となったことに対する罪悪感が里子を追い詰めてしまうこともある。最後に、うつ病の子どもは、日々やるべきことに活力を欠いたり、眠れなくなったりすることがある。

怒　り

　別離や喪失に対処することは、誰にとっても難しいことだ。大人なら誰しもこのような経験があり、助けを必要としてい

るときに誰に、そしてどこに頼ればいいのかを知っている。しかし、里子は一般に、これらの感情や情動をどのように処理したらよいのかわからない。それでも、これらの感情は何らかの形で発散される必要がある。孤立感を表現する一つの方法が、怒りやフラストレーションを周囲にぶつけることだ。里子は、必ずしも里親やソーシャルワーカーを責めているわけではないのだが、里子のなかには不満や喪失感が強く渦巻いていて、そのような感情を発散できる相手がこれらの養育者だけなのかもしれない。また、里子が怒りを爆発させて、里親宅の物を壊してしまうこともある。

第 3 章

学業成績と学校での行動

ジャスパー郡での教員生活の初期、ある年の半ばのことでした。昔ながらの方法ですべての１年生を教えていたとき、新しい生徒がやってきました。内気なアフリカ系アメリカ人の少女でした。新しい生徒がクラスに入ってくるのはごく普通のことでしたが、この少女は何かが違っていました。彼女はとても内気でした。このこと自体も特に珍しいことではなく、ほとんどの生徒が最初は内気なのですが、たいていは数日後には馴染むようになります。ところが、この少女は特に引っ込み思案で、自分自身を守っているかのように見えました。私は通常、すぐには介入せず、生徒が慣れるまで十分に時間をかけて見守ります。問題は、数週間経っても、この少女がますます自分の殻に深く閉じこもっていくように見えたことです。ほとんどしゃべらないし、しゃべってもささやくような小声でした。他の生徒から誘いがあっても、同級生と交わることもなく、友人を作ろうともしませんでした。

　真冬のことでした。私は風邪をひいてしまい、しつこい咳に悩まされたことがありました。ある日、授業で短編小説を読み上げていると、咳のせいでどうしても続けられなくなり、クラスの生徒たちに黙読をお願いしました。教室の通路を行ったり来たりしながら生徒たちの黙読を監督していたとき、その生徒の机の横を通ると、彼女は手を伸ばしました。その手のなかには、セロファンに包まれたペパーミントキャンディーが二つありました。

彼女は一言も発することなく、このような共感に満ちた静かな贈り物を私にくれたのです。私はこの純粋な親切に呆気にとられ、彼女にお礼を言い、音読を再開することができました。この無防備な仕草が突破口となり、その日から彼女はゆっくりと、慎重に、自分の殻から出て、クラスに参加するようになりました。彼女はやがて、1年生クラスのなかで最も優れた書き手の一人となり、自分の個人的な体験について書くと、その率直で驚くほど大人びた散文体で、読む人の心を揺さぶるようになりました。

　この生徒と私が徐々に信頼関係を築き始め、彼女が私を信頼して、クラスに積極的に参加し貢献してくれる生徒になってから、ずっと後になって、私は彼女が里子だったことを知りました。彼女は親戚の間でたらい回しにされた挙句、里親養育を受けることになったのですが、状況は改善されませんでした。というのも、モンティチェロの里親家族のもとにたどり着くまで、里親制度のなかでもたらい回しにされたからです。私は、この生徒には自分を守り、他人を警戒し、新しい状況に怯える十分な理由があることを知りました。彼女はシングルマザーの娘で、彼女が生まれたとき、母親自身が大人になったばかりでした。母親は母方の叔父たちから虐待を受けており、そのことがこの生徒にも及んでいました。幸いなことに（という言い方が適切かどうかわかりませんが）、この生徒の場合、虐待は身体的・精神的なものに

留まりましたが、彼女の母親はそれほど幸運ではありませんでした。母親は、娘のために安定した家庭を維持することはできませんでしたが、子どもには自分と同じ運命を歩ませたくないという強い意志をもっており、自分から里親委託を求めたのです。

　モンティチェロでの里親委託はしばらくの間うまくいっていたようですが、彼女は最終的にアトランタの母親と再統合されました。彼女は高校を卒業したと聞いています。元気にやっていてほしいものです。私は彼女から受けた印象を一生忘れないでしょう。

マイケル（Michael）・C、教員歴 25 年

　学校は、里親養育下の多くの子どもたちにとって、一番行きたくない場所である。ある夜遅くに突然、自分の家族から、家から、友人から、そして知っているものすべてから引き離され、見知らぬ家に放り込まれて、翌日には見知らぬ学校に通うことを強いられるということは、その里子にとって信じられないほどトラウマ的な経験となる。

　14 歳の里子、ブランドン（Brandon）について考えてみよう。ブランドンは 9 年生で、学業で苦戦していた。ネグレクト、虐待、親の薬物使用が原因で里親委託されたブランドンは、実親から学校でうまくやるように促されたことがなく、その結果、しばしば授業に後れを取っていた。英語と数学が

苦手で、学校を休むことも多かったので出欠状況にも問題が
あった。ブランドンは、弁護士と学校秘書という、二人とも
教育を重視する里親家庭に委託された。ある火曜日の夜遅く、
彼は里親宅に到着し、翌朝、担当ソーシャルワーカーによっ
て新しい学校に入れられた。学校は彼をどのクラスに入れる
かわからなかったため、大学進学準備コースに転入させた。
それは、彼にとって厳しすぎ、学力的に難しすぎるコース
だった。

　新しい英語のクラスで、ブランドンは先生から「ロミオと
ジュリエット」の一節を読んで分析する宿題を出された。ま
た、「代数 1」の授業では 25 問の計算問題、社会の授業では
地図の解読、生物の授業では 1 章読んで質問に答える宿題が
出された。学校の廊下で何度か迷子になったブランドンは、
二度ほど授業に遅刻し、見知らぬ新しいクラスメートに好奇
の目で見られた。昼食時間でも問題が発生した。というのも、
ブランドンは、知らない生徒と一緒に座ることに抵抗があっ
たからだ。ブランドンが里親養育を受けていることがわかる
と、多くの生徒が「里子なのか」と尋ねたので、ブランドン
はさらに不安になった。

　午後のあるとき、ブランドンは授業の合間に廊下で他の生
徒にぶつかってこられ、本が飛んでいって廊下に散らばって
しまった。自分の家から引き離されて里親委託されたことに
よる疑念、混乱、怒り、嘆き、孤独、罪悪感、悲しみ、恐怖、
そして不安の感情でいっぱいになり、さらに宿題や新しい学
校環境、「里子」というレッテルを貼られる負担に押しつぶ

されそうになっていたブランドンは、誤ってぶつかってきた
その生徒に悪態をついた。「放っといてくれ、ただ家に帰り
たいだけなんだ！」と大声で叫ぶと、ブランドンは突然、相
手の生徒を近くのロッカーに押しつけ、喧嘩を売ったのだ。
そのため、ブランドンが新しい学校に通い始めた初日に里親
が呼ばれ、それから3日間校内謹慎処分[訳注13]になると告げ
られた。その日の夕方、里親宅に帰ると、その日一日の不安、
そして里親委託されたことによる不安も相まって、ブランド
ンはさらに感情を爆発させ、翌日も、さらにいえばそれ以降
も二度と、新しい学校には戻りたくないと里親に告げたの
だった。

　里親委託される前に実親家庭内で受けたトラウマ、そして
里親家庭への委託がもたらすトラウマの両方が原因で生活が
突然劇的に変化した結果、里親養育下の多くの子どもたちが、
学業と行動の両面で、学校に適応するのに大きな困難を経験
する。そのような困難としては、例えば里親委託がもたらす
混乱や新しい学校環境への適応によって引き起こされる学業
的・社会的・情緒的混乱などがある（Vericker, Kuehn, and
Capps 2007）。10代の里子にとって里親委託がもたらす混乱
に遭遇した際に経験する感情としては、悲嘆、不安、喪失感、
混乱、怒り、悲しみ、孤独感、自己肯定感の低下などが挙げ

訳注13　普段、授業を受けている教室ではなく、別室で指導を受ける事を指す。
　　参考：Strawhun, J., Peterson, R. L., Fluke, S., Cathcart, A.（2015）Strategy
　　Brief, Student Engagement, https://k12engagement.unl.edu/strategy-briefs/In-
　　School%20Suspension%203-6-15.pdf（2023年6月25日閲覧）

られる（Simms, Dubowitz, and Szilagyi 2000）。ボウルビィ
（Bowlby）のアタッチメント理論（Bowlby 1982 参照）が示唆
しているように、多くの子どもたちは、その人生のなかで里
親委託がもたらす混乱を絶え間なく経験することによって、
他の生徒や教員との関係を築くことが難しくなっているのか
もしれない。里子は教室にいる生徒全体のごく一部であり、
1%以下であることが多い（Jackson and Sachdev 2001）。この
ために、公立学校に在籍する里子に関する里親養育プログラ
ムは、研究対象としてあまり関心をもたれていないのかもし
れない。

　里子は概して、一般家庭の生徒たちと比べて、経済的に恵
まれない家庭の子どもたちと同様に、学力面と行動面で平均
を下回る傾向がある（Altshuler 1997; Ayasse 1995; Finkelstein
et al. 2002）。また、ジーマ（Zima）ら（2000）によれば、里親
養育を受けている子どもの 69%において、公立学校に在籍
している間に行動上の問題が見られる。これらの行動上の問
題は攻撃的感情によって示されることがあり、このような感
情は他人に対する攻撃的行動につながる（Ayasse 1995）。怒
りやフラストレーションを抱えている子どもは、素行の問題
を起こしやすいことがわかっている（Deater-Deckard, Petrill,
and Thompson 2007）。また、里子には、自尊感情の低下、非
行、破壊的な行動などが見られることがある（Ayasse 1995）。
里子は、周囲の人々の注目を引こうとして、要求が多くなり、
幼い傾向がある。

　多くの里子にとって、学校は、自分たちが本当の家庭をも

たない「里子」であることを事あるごとに思い知らされる場所だ。同級生は実の家族と暮らしているのに、自分はそうではない。これは彼らにとってつらい現実であり、さまざまの形で表出されることがある。例えば、攻撃的行動、破壊的行動、反抗、自尊感情の低下などが挙げられる（Zima et al. 2000）。ある里子は、引きこもりや非社交的になり、自分たちが押しつけられた現在の環境と世界から逃れようとする（Stein et al. 1996）。里子のなかには、暴力的な行動が常態化し、学校だけでなく、里親家庭でも否定的で破壊的な行動を取るようになることが多くあり、このことがまた別の里親家庭や学校への移動につながってしまう（Ayasse 1995）。

　このような行動の結果、里子はしばしば停学のリスクに直面し、このことが学業成績に影を落とす。彼らは、同一学年を繰り返すこともあれば、その年齢にふさわしくないクラスに入れられてしまうこともある（Benedict, Zuravin, and Stallings 1996; Berrick, Barth, and Needell 1994; Sawyer and Dubowitz 1994; Smucket and Kauffman 1996; Zetlin, Weinberg, and Shea 2006）。シアトル社会的発達プロジェクト（Seattle Social Development Project）のデータを用いて、メイソン（Mason）ら（2004）がワシントン州シアトル地域の学齢期の子どもたち800人を対象に行った研究によると、うつ病を患う子どもたちでは暴力行為を含む行動障害の割合が非常に高く、このことがしばしば停学につながっているという。

　里親養育を受けている子どもたちは、学校を転々とすることがよくある。以下は、ジョージア州のあるソーシャルワー

カーから寄せられたいくつかの例である。

◆13歳の少年は、前の学校からの記録や成績証明書がない状態で3日間学校に在籍した後、別の郡に移動した。

◆14歳の少女は、やはり記録や成績証明書がないまま27日間学校に在籍した後、別の郡の家庭に委託された。

◆17歳の少女は、カレンダー上180日ある学校生活のうち120日間里親家庭に委託された後、近隣都市のグループホームへの入所に伴って転校した。この10代の里子の記録や成績証明書は転校先の学校に送られたものの、それには3か月かかった。その結果、学校は彼女を適切なクラスにうまく配置することができず、学習障害に関する問題にも対応できなかった。

◆14歳の少女は1年半ほど学校に在籍した後、ジョージア州外の家庭に養子縁組された。その結果、この10代の少女はまた移動することになった。

◆別の里子には、郡の学校制度では提供できない特別な個別指導が必要だった。その結果、その生徒は近隣の郡にある遠方の街まで車で通わなければならなかった。そのために、膨大な時間が浪費されていただけでなく、郡の家庭児童福祉局にも大きな負担がかかっていた。

新たな里親委託は、里子の生活が不安定になるため、フラストレーションや行動障害につながる可能性がある。というのも、里子は新しい人間関係を作る努力を絶え間なく続けなければならないからだ（Emerson and Lovitt 2003）。里子は、裁判所への出頭や通院、あるいは単に度重なる措置のために学校を休むことが多いため、こうした行動上の問題を示すことが多い（Davey and Pithouse 2008; Parrish et al. 2001）。欠席が多い状況が常態化すると留年につながり、それがフラストレーションや行動上の問題につながる（Parrish et al. 2001）。度重なる措置を受ける子どもたちは、学校が適切な検査を実施する時間がないために、学習障害を支援するための特定のサービスに関し、特別なニーズが満たされないというジレンマに直面することがある（Weinberg, Weinberg, et al. 1997）。

　オーストラリアで行われた、5つの小学校に在籍する子どもたちを対象とした研究からは、里子は教員と強固で有意義な関係を築くことを望んでいるが、度重なる措置変更を受けて複数の学校を転々とするとそれが不可能となり、そのことがフラストレーションにつながって行動障害を引き起こす可能性があることがわかった（Howard and Johnson 2000）。この研究の著者たちは、南オーストラリア州の不景気に見舞われている地域の9歳から12歳の125人の生徒および25人の教員への面接調査を用いた3年間の研究によって、このことを明らかにした。しかし、里子の学業成績は、行動障害によって影響を受けるだけでなく、情緒的問題や精神的問題、

そして健康関連の問題によっても影響を受ける（Ayasse
1995）。実親家庭から引き離されて里親委託された子どもの
多くは、実親家庭で受けたネグレクトや虐待のために、慢性
的な健康障害、発達障害、さらには精神障害を抱えて児童福
祉制度の保護下に入る。これに加えて、子どもたちは、実親
から引き離される際に生じる情緒的な苦悩や苦痛がある
（Simms et al. 2000）。

　ドスレイス（dosReis）ら（2001）は、メディケイド訳注14 の
保険請求データを用いて、精神障害をもつ子どもの人口当た
りの有病率を推定することに成功した。1万5507人の里子
を対象とした青少年メンタルヘルス・サービス研究の1年間
のクロス・セクション分析から、里子の57％が何らかの精
神障害をもっていることが明らかになった。ネグレクトが原
因で実親家庭から引き離された里子は、さまざまな成長発達
の遅れを積み重ねている。例えば、言語能力や語彙の発達が
不十分で、コミュニケーション能力が損なわれていることが
ある。ネグレクトは、反社会的な行動、さらには脳の発達不
全も引き起こす可能性がある（American Academy of Pediat-
rics 2000）。実際、シュターマー（Stahmer）ら（2005）が2813
人の子どもを対象に行った調査研究でも、これが事実である
ことが示され、「家庭・子どもサービス課（DFCS）などの児
童福祉機関に紹介された子どもたちは深刻な精神発達上の問
題を抱えている」と結論づけられている。

訳注14　アメリカにおける低所得者を対象とした公的医療保険制度。

また、里親養育下の子どもたちにメンタルヘルス上の問題が高頻度で認められること、そしてこれらのメンタルヘルス上の問題に対し、必要な対応がなされていないことが複数の研究によって示されている（Clausen et al. 1998; Horwitz, Owens, and Simms 2000）。さらに、里子が抱える心理的・情緒的な問題は、里親養育を受けている間に改善・減少するどころか、悪化・増加することさえある（Simms et al. 2000）。里子は、多くの場合、メンタルヘルスや成長発達の問題に関して適切なサービスを受けておらず、今後その状況が改善される見通しもない（Pecora et al. 2009）。

　ある調査によると、学習に基づく成長発達の遅れが少なくとも一つ見られる里子は、里親養育を受けている子ども全体の 66％にものぼるという（Leslie et al. 2002）。別の研究では、さらに踏み込んで、里子の 80％以上に行動上の問題が見られると主張している（Halfon, Mendonca, and Berkowitz 1995）。多くの里子が度重なる措置を受けるため、これらの生徒は成長発達の遅れに関して必要としている補習や必要なサービスを受けられない可能性が高い（Stock and Fisher 2006）。

　先に示したように、里子にはしばしば言葉の遅れが見られる。言語発達の遅れは、里親養育下の子どもたち全体の 35％から 73％に認められることが複数の研究により示されている（Amster, Greis, and Silver 1997; George et al. 1992; Halfon et al. 1995; Hochstadt et al. 1987; Simms 1989; Stahmer et al.）。里子は、その 23％が読解と数学の両方で深刻な遅れを抱えているなど、数学と読解に困難を抱えていることも示唆され

ている（Zima et al. 2000）。

　実際、里子たちは学業面でも社交面でも一般家庭の子どもたちより学校で苦戦するリスクが高く、その結果、一般に共通テストの点数が低くなり、また行動上の問題を起こして停学になることも多くある（Weinberg, Zetlin, et al. 2009）。児童福祉機関の保護下にある子どもの30％は特別支援サービスを必要としている（Webb et al. 2007）。ちなみに、公立学校でこれらのサービスを必要としているのは全生徒の9.16％である（U.S. Department of Education 2009）。さらに、里親養育下の生徒は、一般家庭の生徒よりも認知能力が弱いなど、数々の学業上の困難を抱えている（Altshuler 1997）。この問題に関して支援を行うための連邦政府や州政府の資金は不足している（Weinberg, Zetlin, et al. 2009）。

　新しい里親家庭への子どもの委託は、その子どもの学業成績に困難をもたらすだけでなく、里親家庭の人たちの生活にも支障をきたすことになる。里親は、里子の幸福、そして衣食住といった必要なものを確保する仕事を任されている。里子が長期的な意味合いをもって里親家庭内で暮らすようになると、里親は昼夜を問わず、この仕事をフルタイムで期待されることになる。というのも、この委託は何か月も何年も続く可能性があるからだ。

　最近の調査（AFCARS 2009, pp.1-2）では、里子が里親養育下で過ごす期間は以下の通りであることがわかっている。

　◆里子の5％は里親養育下で過ごす期間が1か月未満

である。

◆里子の 37% は里親養育下で過ごす期間が 1 か月から 11 か月である。

◆里子の 23% は里親養育下で過ごす期間が 12 か月から 23 か月である。

◆里子の 12% は里親養育下で過ごす期間が 24 か月から 35 か月である。

◆里子の 9% は里親養育下で過ごす期間が 36 か月から 59 か月である。

◆里子の 14% は里親養育下で過ごす期間が 5 年以上である。

　実親が収監されているために面会交流が認められない里子もいるが、ほとんどの里子は面会交流の権利を認められている。面会交流は、ほとんどの場合、ソーシャルワーカーの事務所か里親宅内で行われる（Davis et al. 1996）。しかし、これらはいずれも理想的な環境ではない。というのも、ソーシャルワーカーの事務所では、状況に応じたフラストレーションが増大して、全員がますます強く緊張感を感じる可能性がある。一方、里親宅内での面会交流の場合も、里親と実親の両者が子どもの福祉に関しての忠誠心（loyalty）と義務感（duty）における不安を感じるため、緊張をもたらすかもしれないからだ（McVey and Mullis 2004）。カントス（Cantos）、グライス（Gries）、およびスリス（Slis）（1997）の研究によると、実親との面会交流が不定期の里子は、定期的に面会交流

している里子と比較して、不品行や逸脱行為のレベルが高くなる傾向がある。

　先に述べたように、里親委託に伴う混乱によって、学業成績が低下することがある。アルトシューラー（Altshuler）（1997）は、多くの里子が認知能力に課題を抱えており、それが教室での学業成績の不振につながっていることを示した。その結果、里子の多くは留年し、同じ学年を二度繰り返すことになり、同年齢の集団より下のクラスに編入されることになる（Benedict et al. 1996; Berrick et al. 1994; Canning 1974; Harden 2004; Mata 2009; Sawyer and Dubowitz 1994; Smucket and Kauffman 1996）。これは、里親養育下に置かれている間の、里子が余儀なくされる頻繁な欠席にも起因すると考えられる（Parrish et al. 2001）。パリッシュ（Parrish）ら（2001）は、カリフォルニア州の子どものグループホームを調査した結果、里子の頻繁な欠席の常態化は、措置変更に伴う混乱、および身近な人からのサポートや動機づけの欠如が原因であることを見出した。里子はしばしば多くの里親委託に伴う混乱を経験するため、学校は学習障害の可能性について子どもに検査を受けさせるだけの時間がないことが多く、その結果、子どもが学習障害に対する支援を受けられない状態が長引いてしまう（Weinberg, Weinberg et al. 1997; Weinberg, Zetlin et al. 2003）。

第 4 章

里親制度からの「自立」

私自身の里子としての人生を振り返ってみると、高校を卒業できたことは本当に奇跡のようなものです。虐待、家出、中退、自殺未遂、北から南への３度の移動、そして家族からの愛情や導きやサポートが一切ないという苦難を背負っていたことを思い出します。それでも、どうにか高校を卒業することができました。私は今、すべての子どもたちが成績優秀であることを求められ、さらに人生の他の分野でも高いパフォーマンスを期待されていることは、非常に酷なことだと実感しています。親の導きは、子どもが人生の良いスタートを切れるようにするためのマスタープランのようなものを与えてくれますが、私のような里子は、まったく別の道を歩まなければならないのです。

　概して、里子は上級クラスに参加する準備ができておらず、課外活動への参加もままなりません。一部の大学への出願や個人的成長のために必要なボランティア活動の機会もありません。親からの導きがまったくないか、ほとんどないのです。アルバイトをすることも通常叶いません。そのため里子は、基本的経験が乏しく、履歴書に書けるような経験を積み重ねることができません。さらに、どの大学に進学したらいいのか、そしてそのためにはどうしたらいいのかを家庭内で真剣に話し合うことは、まったくないか、ほとんどありません。たいていの場合、そのような計画を支援できるような親がいないのです。里子は、過去の影、両親に関するトラウマ的な記

憶、そして今この瞬間の抑うつや混乱、そして時には暗い希死念慮を抱えながら、嵐のような日常を生き延びるのに精一杯なのです。

　里子が里親養育から「自立」[訳注15]するときに直面する難題について深く見ていく前に、それらの困難の原因を考えてみましょう。まず、最も重要なのは、彼らが何歳で里親養育を受けるようになったか、何回移動したか、そして教育の一貫性はどうだったのか、を知ることです。これらの懸念のうちの一つだけに取り組んで残りの二つを無視できたらよいのですが、それでは里子にとって偏った見方になってしまうでしょう。なぜなら、これらの懸念はどれも、里子が「自立」に向かう際に直面する難題に直接影響するからです。

　何歳で里親養育を受け始めたかは、どの程度心理的な影響を受けているかに直接影響します。これは、健全な発達に欠かせないアイデンティティの感覚と自尊感情に影響を及ぼします。いったいどのくらいの期間、「この子が私の里子です」というレッテル貼りの紹介を耳にし続けたのでしょうか？　いったい何回、休日に部屋のなかで自分を場違いな存在に感じたのでしょうか？　いったいどのくらいの期間、このような心理的なダメージが

訳注15　原文は Aging out of the system であり、所定の年齢に達して里親養育制度から離れることを示している。「自立」が必ずしも一人で生活していける能力を身につけることではない点に留意しつつ、本書では所定の年齢に達して里親養育制度から離れることをカギカッコをつけて「自立」と表現している。

心に蓄積したのでしょうか？　また、一つの里親家庭から別の里親家庭へ、一つの学校から別の学校へと移動した回数は、身近な関係における帰属感と、より大きな社会への帰属感の両方に、直接影響を与えます。子どもは、移動するたびに、不安定さがもたらす社会的・教育的・心理的な弊害を被ります。里子は自己肯定感が欠如しているために、社会的に適応することがさらに難しくなります。〈他者から受け入れられ、理解されていると感じるかどうか〉が、困難をはねのけて回復するか病んでしまうかの分かれ目になるのです。

　「自立」が近づいてくるにつれて里親養育下の若者が直面する第2の難題は、〈信頼できる一貫した支援体制があるかどうか〉です。この要素は、異なるライフステージを移行するすべての若者に必要なものですが、里子が他の若者と異なるのは、導きや精神的なサポートをくれるしっかりとした家族をもたないだけでなく、自分のことを心から気にかけて何が最善かを考えてくれる人たちと長期的な信頼関係をもてないことによって、さらに増大した重荷に苦しむところにあるのです。信頼できる人間関係から長期的なサポートを得られないとしたら、私たち人間はいったい何者なのでしょうか？　これらのマイナス要素はすべて、里子が高校を卒業しない場合、その後の人生で指数関数的に増大していきます。私はよく、「高校卒業資格なしに里親養育を離れることは、段のないはしごを登ろうとするようなものだ」と言ってい

ます。前進することはほぼ不可能なのです。もし里子に
家族の適切なサポートがなく、高校卒業資格もない場合、
どうやって成功できるというのでしょうか？　だから米
国は現在、ホームレスだったり、失業していたり、収監
されていたりする何万人もの元里子たちであふれている
のです。というのも、里子のほぼ半数が高校を卒業する
ことなく里親制度を離れているのが実情だからです。

　高校卒業資格は、里子たちが前に進むための平等な競
争の場に立てるようにさせてくれる主要な資産です。精
神的・経済的負担はありますが、高校卒業資格は、自立
した生活、将来の機会、自尊感情の向上、豊かな人生の
可能性のための門を開いてくれるのです。里子たちが自
分たちに開かれている機会に気づいていくにつれて、高
校卒業資格は、里子たちがさらなる高みにのぼるための
手段となります。しかし、高校卒業資格がなければ、里
子たちの人生は、甚だしい不足によってだめになってし
まう可能性が高まるのです。

カプリ（Capri）・C、元里子

　里親委託されることは、子どもにとって十分に悲しい出来
事だ。残念ながら、あまりにも多くの里子たちにとって、里
親制度からの「自立」はさらに大きなトラウマをもたらすも
のになってしまっている。ほとんどの州では18歳、一部の

州では21歳で、里子は里親制度から「自立」し、「現実世界」への移行を開始する。

　18歳という年齢は、誰にとっても難しい時期だ。確かに、多くの若者にとって、この時期は自立、自由、変化の時期である。少なくとも、この魔法の年齢に達した多くの若者の目には、そのように映る。18歳は家を出て、仕事を見つけたり、軍に入隊したり、大学へ行ったりする時期である。通常では、一般家庭の子どもたちには、こうした変化をくぐりぬけるわが子を導ける両親がいて、これらの18歳の若者たちが人生の次のステージを決定するにあたって手助けや助言を与えてくれる。また、ほとんどの若者は、親から役立つ助言を受けられるだけでなく、引き続き経済的な援助を受けることもできる。実際、私たちは、自分の10代の子どもが一夜にして大人になることを期待しているわけではないし、これからは自分だけでやっていくようにとわが子を突き放すわけでもない。一般家庭の子どもたちの多くは、18歳になっても、両親や家族、成人した友人たちから、助けや情報、リソースを得ることができる。実際、これらの若者の多くは、あまりにも困難な状況に陥ったときには、家に戻ることができるのだ。

　初めて家を出る若者のほとんどは、困難や試練に直面したときに頼れる人がいる。多くの場合、この大人は愛情深い親であり、生まれたときからその子どもを育て、病気のときには世話をし、学校の勉強を手伝い、ずっとその子どもを養ってきた人である。あるいは、祖父母や親戚、養父母に育てら

れ、面倒を見てもらった子どもたちもいる。これらの子ども
たちは、その後大学進学や軍への入隊、就職、あるいは別の
進路のために家を出た後も、困難に直面したときや助けが必
要なときに頼れる大人がいる。休日に家に帰ったり、誕生日
にカードや電話をもらったりするかもしれない。経済的な問
題であれ、情緒的な問題であれ、学校に関する問題であれ、
単にタイヤがパンクして修理が必要なだけであれ、ほとんど
の若者は、電話一本ですぐに助けてくれる大人がいるのだ。
このような大人が、若い成人たちに寄り添っているのだ。

　しかし里子には、徐々に自立した生活を送れるようになる
ために必要なこれらのリソース、いわば「命綱」がないのだ。
もし10代の元里子が病気になったとしても、面倒を見てく
れる人や、温かいスープを作ってくれる人がいないかもしれ
ない。また、誕生日にバースデーカードを送ってくれる人や、
「ハッピーバースデー」を歌ってくれる人、車が壊れても修
理を手伝ってくれる人、パンクしたタイヤを交換するのを手
伝ってくれる人もいないかもしれない。休日に、家族の祝い
事に招いてくれる人もいないかもしれない。元里子が高校を
卒業する場合でも、悲しいことに、里子を支え励ますために
卒業式に出席してくれる人がいないことも多い。元里子は、
大学に進学できても、休暇を過ごすために帰る家がないかも
しれない。要するに、元里子の若者には家族がいないため、
助けてくれる人、メンターになってくれる人、緊急時に頼れ
る人、最も必要としているときに助言してくれる人がいない
状況で過ごす心配がある。

毎年、2万人から2万5000人の里子が里親制度から「自立」し、一人での生活を始めようとしている。これに加えて、里親養育下の5200人の若者が、18歳に達する前に失踪している（Swift 2007）。多くの里子にとって、里親養育は、実親のもとに戻って実家族と暮らすようになるまでの、あるいは養子として新しい生活を始めるまでの、一時的なサービスだ。しかし、家族との再統合を果たせない何千人もの子どもたちにとって、18歳に達することは恐れや不安に満ちた体験となりうる。里子たちが住んでいる州によっては、21歳が里親制度から「自立」する年齢となる場合もある。悲しいことに、里親養育期間中に里子たちを支えている州出資の支援サービスのほとんどは、里子が18歳になるか成人すると、受けることができなくなる。その結果、元里子の若者は、最も基本的なニーズを満たそうとするだけでも、困難や障害に直面することになる。愛情深い両親や協力的な大人の助けはおろか、政府の支援さえも受けられないので、元里子の若者の多くは、生き延びようとするだけでも苦労することが多い。実際、高校卒業資格がなければ、こうした苦労や困難はさらに厳しいものとなる。

ホームレス状態

　元里子の若者が住む場所を安定して確保しようとするとき、非常に困難な状況に陥る。18歳で、誰の助けも借りずに、家賃、食費、光熱費、そして一人暮らしに必要なすべての費

用を支払おうとすることを想像してみてほしい。なかにはこれを成し遂げる若者もいるが、そのようなことはめったになく、むしろ困難なことである。

　里親制度から「自立」する若者は、社会にうまく適応するために必要なスキルや経験や知識を持ち合わせていないことも多い。多くの里子は、ひとたび里親制度から「自立」すると、頼れる家族をもたないため、困難な状況に直面することになる。行政の介入によって不本意ながらも里親家庭から引き離されたこれらの若者は、将来住む場所の選択肢をもたないため、ホームレス状態になる率が高くなる。こうした障害や困難の結果、里親制度から「自立」する里子のほとんどは、いくつかの点で危険にさらされる。まず、里子が里親制度を離れるとき、彼らは「家」と呼べる場所をもたないことが多い。里親制度から「自立」した若者の半数以上が、若いうちに少なくとも1回はホームレス状態になる。経済的な問題に悩まされるなか、「家」と呼べる安全で安定した場所を見つけるのは、多くの場合困難である。多くの里子が、一時的に路上生活を送ることを余儀なくされている。運が良ければホームレスの人々のためのシェルターに入れることもあるが、そうでないことが多い。

　最近、チェイピン・ホール（Chapin Hall）訳注16 による大規模縦断研究であるミッドウェスト研究（Midwest Study）が、

訳注16　子ども・家庭・地域社会に関する政策決定に資することを目的とするシカゴ大学内の政策研究センター。

元里子たちに研究への参加を呼びかけた。同研究では、元里子たちは同年齢の同級生に比べ、住宅ローンや家賃を支払えない率が2倍であると結論づけている（Courtney and Dworsky 2005）。また、マサチューセッツ州では、18〜24歳のホームレスの若者の25%が元里子の若者であることがわかった（Massachusetts Society for Prevention for Cruelty to Children 2005）。また、カリフォルニア州では、里親養育から「自立」した元里子のなんと65%が住む場所を確保できていないという（California Department of Social Services 2002）。

　元里子の若者のなかには、親族養育者の家という選択肢がある場合がある。親族養育とは、拡大家族、すなわち祖父母、伯父母（叔父母）、その他の親戚の家に若者を委託することである。親族養育者と暮らすことは、より安定した生活をもたらすかもしれないが、調査によると、こうした元里子の若者は「高齢、独身、あるいは十分な教育を受けていない養育者と共に」貧困のなかで暮らす場合が多いという（Goelitz 2007）。さらに、多くの親族養育者は、認可を受けた里親と同じようには経済支援制度やリソースを利用する権利をもたない。そのため、これらの養育者や若者は、里親養育下の若者がアクセスできる医療・財政・教育のサービスやリソースにアクセスできない（Goelitz 2007）。

失　業

　失業率は元里子の人たちの方がそうでない人たちよりも高

く、多くの元里子が経済的に苦労している。これは、里親制度から「自立」する里子のおよそ50％が高校を卒業していないことに起因していると思われる。里子たちは、それ以外の同年齢の人たちに比べて、高校卒業資格をもたない人の割合が2倍以上となっており、2年制または4年制の大学を卒業して学位を取得するのはわずか6％である（AFCARS 2009）。明らかに、多くの里子は、高校を卒業していないために、経済的に自立できる仕事に就くことが困難になっている。さらに、ほとんどの里子は、安定した仕事を（あるいはどんなものであれ仕事を）獲得するために必要な技能や、訓練を受ける機会、ツールをまったくもっていない。

ある調査では、19歳の元里子のうち、何らかの仕事をしているのはわずか40％という結論が出ている。このうち90％は、年収が1万ドル未満であった。仕事をしている10代の元里子のうちの55％は、里親養育から離れた後に少なくとも一度は解雇された経験があった（Courtney and Dworsky 2005）。さらに別の調査では、元里子の若者の24％が薬物を売ることで、11％が売春によって生計を立てていると結論づけている（Eyster and Oldmixon 2007）。

貧　困

これほど多くの元里子の若者が失業、教育や高校卒業資格の欠如、そしてホームレス問題に苦しんでいることを考えれば、多くが貧困や経済的不安定に直面していることは驚くに

当たらない。

　ミッドウェスト研究の結果によると、自分名義の普通預金または当座預金口座を開設している元里子の若者は、同世代の若者の82％に対し、わずか46％だった。また、里親制度から「自立」した10代の若者では、家賃を支払うのに十分なお金をもっていない率が同世代の2倍であることがわかっている。男性の約25％、女性の50％以上が、フードスタンプ訳注17や公営住宅・家賃補助など、何らかの形で政府の援助を受けている。最後に、同調査では、里親制度から「自立」した10代の元里子の半数以上が、「電気やガスや電話を止められる」「立ち退かされる」「ホームレスになる」「食べ物が不足する」「家賃や食費が不足する」のうちの少なくとも一つを経験していると結論づけている（Courtney and Dworsky 2005）。

犯罪行為

　多くの元里子が何らかの形で収監されていることは驚くに当たらない。里親制度から「自立」した多くの里子が、薬物、さらには犯罪にまで手を染め、その結果、実刑判決を受ける。実際、里親制度から「自立」した元里子の若者のうち、収監された経験のある割合は41％にのぼる（Courtney and Heur-

訳注17　アメリカにおける低所得者向けの食料支援制度。スーパーなどで食料品を購入できる金券が支給される。

ing 2005)。もう一つの気がかりな数字はカリフォルニア州の
もので、収監されている元里子の若者の割合は〔収監者〕全
体の 70%をはるかに超えるという驚異的な統計である（Select
Committee Hearing of the California Legislature 2006）。さらに、
カリフォルニア州で服役記録をもつ男性の元里子の半数は、
暴力犯罪または重大犯罪を犯したとして判決を受けている
（Needell et al. 2002）。さらに別の研究では、里親委託された
回数が多いほど、恋愛関係のなかで暴力に遭う可能性が高く
なると結論づけている（Reilly 2003）。悲しいことに、里親養
育を受けたことのある女性の 13%が、里親制度を離れてか
ら 12 〜 18 か月以内に性的暴行やレイプを受けたと報告して
いる（Courtney and Heuring 2005）。

自立生活スキル

　里親制度から「自立」した子どもたちは、簡単な自立生活
スキルを身につけていないことも多い。親や大人からであれ、
学校でであれ、成功し健康的に他者から独立して生活するた
めに必要なこれらの基本的な、しかし必要なスキルを教わっ
ていない場合が非常に多いのだ。食事を作る、車を運転する、
住宅を探す、約束を守る、銀行口座を管理する、食料品や日
用品の買い物をする、公共交通機関を利用するなどのスキル
が、里親制度から「自立」する多くの子どもたちに欠けてい
るのである（Wolanin 2005）。銀行口座の管理について適切な
知識がなければ、経済的な問題が生じる可能性が高い。交通

手段の知識がなければ、元里子の若者は安定した仕事を獲得したり維持したりすることができないだろう。里親制度から「自立」し、親となる人物がいない元里子にとって、住宅を借りるための書類や、金融ローンを組もうとするときにクレジットの支払履歴に関する情報を得るための書類を適切に作成して署名することは、かなり難しいか、不可能に近いことである（Gilpatrick 2007）。

ヘルスケアとメンタルヘルス

　元里子にとって、適切なヘルスケア（医療）を受けられるかどうかも問題である。児童福祉制度の保護下にある間、里子はメディケイドを通じて無料で医療を受けることができる。保護下にある間、医学的治療や必要な投薬を受けることは、各里子に保障された権利なのだ。しかし、ひとたび子どもが里親制度から「自立」すると、こうした医療は提供されなくなり、多くの元里子はいかなる種類の保険も援助もない状態に置かれてしまう。ある調査では、健康保険に加入してない元里子の割合は55％にのぼると報告されている（Reilly 2003）。これに加えて、メンタルヘルス（精神医療）や追加支援機関へのアクセスも難しい。というのも、メディケイドに加入しているのはわずか25％だからだ（Reilly 2003）。こうした元里子の多くは、母親の薬物乱用や親によるネグレクト、身体的虐待、性的虐待に関連した健康問題にも悩まされている（Gerber and Dicker 2006）。

　そのため、数えきれないほどの元里子たちが未治療のメンタルヘルス上の問題を抱えている（Courtney and Heuring 2005）。最近の研究では、里親養育を受けたことのある大人の多くは、心的外傷後ストレス障害（PTSD）による痛ましい弊害に苦しんでいることが判明している（Plotkin 2005）。これは元里子の間で非常に広く蔓延しており、その有病率は米国の退役軍人の 2 倍である（Plotkin 2005）。実際、里親養育を離れた若者の多くは、うつ病、高度の不安、精神疾患など、多くのメンタルヘルス上の問題に苦しんでおり、ある研究では、その割合は 91％ にも達している（McMillen et al. 2004）。こうした問題に加えて、〔前述の通り〕これらの若者の多くは、里親養育を受けている間には提供されていた保険が使えなくなり、適切な医療や保険を受けられないという試練に直面する。また、病気になったときや医学的な緊急事態に直面したときに、面倒を見てくれる人がいないことも多い。

妊　娠

　里親制度から「自立」した女性の妊娠率は、一般家庭出身の同年齢の女性よりも高く、ある研究では、3 倍近くにのぼると結論づけられている（Shaw et al. 2010）。さらに、50％近くの女性が、里親養育を離れてから 1 年から 1 年半の間に妊娠していた（Sullivan 2009）。

　里親養育を受けたことのある女性は、若年で妊娠するリスクが高く、また、里親制度から「自立」した若い男性の多く

が、思いがけず父親になってしまい、子どもを適切に養育することができない（Courtney and Heuring 2005）。驚くことではないが、元里子の若者は、婚外子を育てる可能性が同世代の若者よりも高く、元里子の母親のうち、婚姻関係にあるのは3分の1未満である（Courtney and Heuring 2005）。

　悲劇的なことに、多くの元里子の若者で、こうした困難を伴う剥奪（deprivation）の連鎖が世代を超えて続いている。元里子だった親の19％が、自分の子どもを家庭から引き離されて里親措置されたと報告している（Courtney and Heuring 2005）。

　里親制度から「自立」する多くの里子たちが直面するのは、確かに厳しい未来であるのは間違いない。里親制度は、里子が成功し、積極的に社会に貢献するために必要なリソース、訓練、支援を提供できていないのかもしれない。里子たちは、すでに多くの痛みやトラウマ、嘆き、悲しみを突きつけられてきた世界のなかで、もがきながら生きてきており、適切な教育や高校卒業資格がない場合、この未来はさらに厳しいものとなるであろう。

第 5 章

教員・ソーシャルワーカー・里親は
なぜ苦戦するのか

里親養育下の生活は、子どもや10代の若者にとって、情緒面でも発達面でも、特に困難で混乱をもたらすものになる可能性があります。『コネクテッド・チャイルド（*The Connected Child*）』（Purvis, Cross, and Sunshine 2007）という本は、里親・教員・ソーシャルワーカーとしての私たちの最大の課題はおそらく次のようなものであるとうまく言い表しています。「子どもが『以前の』人生で受けたかもしれない被害の根深さ、そしてそれが現在直面している課題とどうつながっているのかを、わずかでも理解するのには時間がかかります。子どもたちは、育児放棄・喪失・悲嘆の問題、認知機能障害、恐怖・怒り・心的外傷後ストレス、そして羞恥・不安・抑うつなどを抱えている可能性があります。これらの障害は認識しにくいため、大人はこれらの子どもが直面している課題に対して思いやりをもったり、手助けをしたりできないことも多いのです」。

　私たちが支援している10代の子どもたちには、他の子どもたちと同じようにニーズや夢があります。他の子どもたちと違うのは、彼らが自分には責任のないトラウマや喪失感を抱えていることです。貧困、薬物乱用、収監、精神疾患、ホームレス状態といった親の育児危機によって、深刻な虐待やネグレクトを経験した子どもたちなのです。

　ミシガン州のリックラック・ミニストリー（Rick Rack Ministry）で私たちは、10代の若者が学校で繰り

返し直面する困難を目の当たりにしています。これらの困難から、二つの共通するテーマが見えます。「サポートが不足している10代の子どもたち」と「コミュニティとの強いつながりをもっている10代の子どもたち」というテーマです。

　私たちは、里親養育下の10代の子どもたちが、私生活が不安定であるがゆえに教育の機会を逸している現状を目の当たりにしています。里親養育下の高校生の多くは、グループホームや里親家庭やシェルターをたらい回しにされるため、頻繁な委託先の変更と人間関係の崩壊を経験します。私たちが10代の子どもたち一人ひとりと接するなかでわかったことは、ほとんどの子どもにとって、私生活のストレスと学業の厳しさの両方に対処するのは無理だということです。その一方で、彼らは、高校卒業資格が未来を変えてくれるかもしれない「夢」であることもよくわかっています。あまりにも大きな教育格差と不安定さに直面して、彼らは一般的な学校教育をあきらめてオルタナティブスクールに進むか、単に中退してしまう傾向があります。

　永続的で支持的な人間関係やつながりは、若い成人の幸福にとって決定的に重要なものであり、ましてや委託先の変更を何度も経験し、多くの導きを必要としている里子たちにとっては、なおさら重要です。元里親との関係や地域社会とのつながりを維持している10代の子どもたちは、より幸福で安定した生活を送っています。私

たちは、活動を通して、このことを何度も目の当たりにしてきました。彼らは、つながりをもっている人たちが親身になってくれていると知ると、学校でうまくやるようになり、健全な人間関係を築き、自分の将来について希望をもって話すようにもなります。里親や教員やソーシャルワーカーが彼らの話を聞いて彼らのニーズを擁護し、彼らの教育に関するギャップを埋める手助けをするとき、彼らは安心感をもつことができるのです。

　私たちが「クロウズド・イン・ラブ (clothed-in-love)」というプログラムを通してレイチェル (Rachel) と出会ったとき、彼女は16歳でした。初めて私たちのところに来たとき、彼女は私たちが知っているなかで最も悲しそうな表情の少女の一人でした。彼女の物語もまた、裏切りの物語です。しかも、片方の親だけではなく、両方の親に裏切られたのです。レイチェルは、魂を押しつぶすような暗い秘密をもっており、あるときついにそれを母親に打ち明けました。彼女は、自分に性的虐待をしていた父親と向き合っていたのです。彼女の心を引き裂いたのは、母親が彼女を嘘つき呼ばわりし、住み慣れた家から追い出したことです。彼女は、近くの街に住むおばの家に委託されることになりました。おばは彼女の母親代わりとなり、擁護者となりました。彼女は、レイチェルのために、学校、ソーシャルワーカー、そしてセラピストに意見を述べました。さらに、レイチェルは、里親制度からの「自立」の時期を迎えている10代の若

者を支援する団体、ミシガン青年機会イニシアティブ
(Michigan Youth Opportunity Initiative、MYOI) のグ
ループに参加しました。彼女の家庭生活は安定し、成績
も上がり始めました。新しい環境で癒されながら、彼女
は 4-H[訳注18] の青少年育成トレーニングを受け始め、運
転免許を取得し、お菓子屋さんで働き始め、高校を卒業
しました。レイチェルはまだ回復途上ですが、おばや
MYOIのグループ、そしてリックラック・ミニストリー
から受けたサポートのおかげで、より幸せになっていま
す。彼女は、いつか大学に行ける日を夢見続けています。
レイチェル、あなたならきっと行けますよ。

カサンドラ（Casandra）・C、リックラック・ミニストリー創立者

　現代社会では、人々は多忙を極めている。社会人は誰もが
忙しそうだ。「忙しい」というよりも、「忙殺されている」と
言った方が正しいかもしれない。予算削減や資金繰り問題と
いった厳しい現実に直面する組織が増えるなか、民間企業の
従業員だけでなく、多くの公務員にとっても、一日のうちで
対応しなければならないことをすべてやり遂げるための十分
な時間はないようだ。実際、里親、ソーシャルワーカー、教

訳注18　全米で最大の青少年育成団体。参考：https://4-h.org/about/（2023年8
　月27日閲覧）

員は皆、同じジレンマに直面している。彼らはリソース不足で、低賃金で、過重労働で、忙殺されているのだ。

　公立学校、里親、実親、そして児童福祉機関の間で、協働関係がうまく築けていない可能性がある。その結果、里子は、うまくやっていくために必要としているサービスを受けることができずにいる。しかし、多くの里子にとって教育は、彼らが大人になったときに望む生活の質に関して、極めて重要であると考えられている。悲しいことに、里親養育下の多くの生徒が、里親やソーシャルワーカーや学校職員から必要なサポートを受けられていない。そのような場合、彼らは学業でうまくいかず、行動上の問題でも苦労することがほとんど運命づけられているようなものとなる。

　それにもかかわらず、このような問題を抱えた子どもたちをどのように支援するのが最善なのかを見出すことに、教員・ソーシャルワーカー・里親の三者共が苦戦し、そのしわ寄せを問題を抱えた子どもたちが受けている。スクールカウンセラーは、一般に里親養育下の生徒のニーズに効果的に応えることができていないが、里子の数が増え続けているなか、その必要性は高まっている。また過去には、里子の学校生活を軽視し、教育方針や教育上の手続きを無視するソーシャルワーカーもいた。里親もまた、このことに責任を負っている。実は、里親やソーシャルワーカー、教育関係者が里子を助けることを難しく感じる理由はいくつもある。

教　員

　現在、多くの学校は、財源の削減と予算問題により、今日の教育関係者にとって最も厳しい職場の一つとなっている。今日の教員は、もはや子どもに教科を教えることだけに責任を負っているわけではない。今日、教員はずっと多くの役割と責任を背負っており、それらの役割と責任に比べたら、教室で授業をすることが取るに足らないことのように思えてくるほどである。

　母親に「いってらっしゃい」のキスを頬にしてもらった生徒が、陽気に歩いて学校に向かい、満面の笑みを浮かべて教員にリンゴを手渡すと、学ぶ意欲にあふれて席につく――そんな時代はもう終わった。教員は読み書き計算さえ教えていればいいという時代は終わったのだ。今日の教員は、一人何役もこなし、ずっとたくさんの業務を抱え、学校システムも教員により多くのことを期待している。

　まず第一に、今日の教育関係者は、より多くのテストに責任を負わなければならない。各章や単元の終わりに行われる従来のテストだけでなく、地域や州や連邦政府のテストに向けて生徒たちに準備させる責任を負っているのだ。これらのテストは、例えば学習する各単元のプレテストや章末テスト、ベンチマークテスト、共通テスト、教科課程修了テスト、期末テストといった、学校や教科課程が要求するテストかもしれない。このような大量のテストは、生徒と教員の両者にストレスを与えるだけでなく、教員の側に多大な計画性を要求

する。さらに状況を困難にしているのは、多くの学区で教員は生徒のテストの点数、結果、成績に説明責任をもたされ、テストの結果に基づいて業績を評価されることだ。その結果、テストの多さと説明責任が、教育関係者にさらなるストレスとプレッシャーを与えている。

テストとともに、学校はより多くの「学習のエビデンス」を要求している。教員は、生徒により多くの課題を提出させて採点し、教室で学習が行われていることを証明するよう期待されているのだ。宿題、クラスプロジェクト、レポート、小論文、小テストといった、日々の課題の採点は、今日の教室で期待されていることの一部となっている。テストが増え、「学習のエビデンス」のためのプロジェクトが増えれば増えるほど、教員がしなければならない採点も増える。実際、教員は毎日放課後の教室で生徒の採点に何時間も費やすばかりでなく、毎晩、そして毎週末、書類でいっぱいのフォルダーやバッグを家に持ち帰り、遅れないように採点しなければならないので、プライベートな時間や家族の時間を犠牲にすることも多々ある。採点という業務は、あっという間に雪崩を打って、教員を重い負荷で押しつぶしてしまうものなのだ。

教育関係者はまた、より標準化された教科課程や授業を計画しなければならない。テストの実施と採点が増えているのと同時に、指導も増えているのだ。教室での指導と学習のための準備の必要性は年々大幅に高まっている。それに加え、放課後も含めて一日中、教員はさまざまな会議に出席しなければならず、そのために追加の書類作成が必要になることも

ある。さらに、21 世紀の教育関係者の日常業務には、保護
者面談に関する書類作成や、生徒の学習達成度報告（通知表）
や行動・素行報告といった、学習・行動の報告に関する書類
作成が含まれる。さらに、多くの学校では校長が教員に対し、
毎週の授業計画を前もって提出することを求めており、教員
はさらなる事前計画を求められている。しまいには、ランチ
ルームやバス乗り場やホールの監視、放課後のスポーツやク
ラブ活動、ダンスなどの業務が加わり、また教育の最新トレ
ンドや授業基準の変化やテクノロジーの進歩に対応する責任
もある。これでは、教員が自分に求められるすべてに圧倒さ
れてしまうのも無理はないだろう。実際、このような多くの
追加の責任と期待のせいで、実際に指導する時間はほとんど
ないのだ。

　里親養育を受けている子どもたちが日々どんなことを経験
しているのか、そして一般に里親制度がどのようなものなの
かについて、社会が真の理解や評価を欠いているのだから、
今日の教員がそうであっても不思議はない。多くの教員は、
里親養育についてある程度の知識はもっているかもしれない
が、完全に理解しているかというと疑問が残る。実際、多く
の教員は、子どもがなぜ里親委託されるのか、子どもが日々
どのような心境で過ごしているのか、里親養育がどのような
ものなのか、そして里親制度全体がどのように機能している
のかを完全に理解しているわけではないと思われる。

　実は、現在の教育現場では、教員が里親養育下の生徒を真
に支援することはほとんど不可能なのだ。まず第一に、教員

は里子や里親制度についての研修を受けていない。里親は、子どもを家庭に受け入れる前に、厳格で広範な研修を受ける。これは、保護下の子どもがしばしば直面する、情緒的・身体的・精神的な多くの課題に備えるための研修だが、教員や教育関係者はこの分野の研修を受けていない。里親養育下の子どもが経験する多くの困難は、彼らが受けてきた独特のトラウマによるもので、これらのトラウマを抱えた子どもたちのニーズに適切に応えるためには、特別な研修と理解が必要だ。しかし一般に、教員はこの分野の研修を受けていないのである（これは教員のせいではないが）。それに加えて、里子と学校に関する文献がほとんどないため、この問題についてもっと学びたいと考えている教員や学校職員にとってさらに困難な状況になっている。

　さらに、教員は自分の教室に里子がいることを知らない可能性が高い。というのも、生徒の個人情報については、プライバシーに関する数多くの具体的な法律があるからだ。以下は、米国ジョージア州のある高校教員の言葉だ。

　　　正直なところ、私は里親養育のことも里子のこともよく知りませんでした。里子は、規律の問題や薬物の問題、あるいはそれ以外の、本人か親のどちらかに責任がある何らかの問題があって、別の家庭に預けられた子どもたちだとばかり思っていました。それだけです。それ以外のことは考えもしませんでした。ある年、スクールカウンセラーが私のところにやってきて、生徒の里親が私と

面談をしたいと言っていると言いました。私は自分のクラスに里子がいることを知らなかったので、とても驚きました。その女子生徒は物静かで引っ込み思案な性格だったので、単に内気なのだと思っていました。後でわかったことですが、彼女は継父から何度も性的虐待を受けていました。知ってさえいれば、と思います。彼女が里子だということを、知ってさえいれば。彼女が自分自身のトラウマに直面しているということを、知っておきたかったです。もし知っていれば、もっと手を差し伸べて、宿題や授業への参加について、もっと理解してあげられたと思います。私は、すべての教員が、自分の受け持ちの生徒のなかに里子がいるのかどうかを知っておくべきだと思います。その方が、すべての関係者にとって助けになると思うからです。

ジョシュア（Joshua）・K、数学教員

ジョシュア・Kと同じように、多くの教員は、自分のクラスに里子がいることを知らない。その結果、このような生徒は容易に見過ごされ、彼らが切実に必要としているであろう学校の教員からのリソース、理解、そして単純な思いやりを受けられなくなる可能性がある。教員によっては、「里子たちは一つの家庭から別の家庭へと委託され、教室や学校に来たかと思うとあっという間によそへ行ってしまうので、その

生徒とは関係を築く必要はない」、さらには「授業内容や学習に関して、その生徒を『クラスの他の生徒に追いつかせる』努力をする必要はない」と考えているのかもしれない。

> 私が担任として受け持ったことがある里子は数人ですが、最大の問題は彼らが長く留まらない傾向があることで、関係を築くのは困難です。というのも、里子はある日クラスにいたかと思うと次の日にはいなくなっているのですから……関係を築く時間がないのです。

デガーモ（DeGarmo）、2011年

第1章と第3章で述べたように、里親養育下の子どもたちは、成績証明書や学校記録なしに学校に転入することが多い。そのような場合、学校関係者は、その子どもを適切なクラスに入れるという難しい仕事をしなければならない。一般に、その子どもがまだ受けたことのない、その子どもの学習能力に合った、その子どもに適した授業を受けさせなければならないのだ。成績証明書や学校記録のない生徒を受け持つクラス担任にとって、これは最も困難なことであり、苛立たしいことですらある。成績証明書や学校記録にある情報は、行動に関しても学業に関しても、生徒のニーズをよりよく理解するために不可欠なものなのだ。このような情報なしに生徒がクラスに入ってくると、多くの場合、教員はその生徒の学習

上のニーズを満たすことが困難になるだけでなく、その子ど
もが起こす可能性のある行動上の問題にも対応することが困
難になる。

> 　教員たちが、自分の生徒が里子であることを知り、そ
> の背景、虐待の問題など、学習障害の原因となるような
> 問題がないか、言葉は悪いが、そういった背景を少しで
> も知ることが大切なのです。彼らの家庭生活について、
> 少しでも知っておきたいと思います。そうすることで、
> より適切な指導ができるからです。

デガーモ（DeGarmo）、2011 年

　前述したように、里子は特有のトラウマや困難に直面して
いるため、学校生活で行動障害を呈する可能性がある。もし
里子が、学校生活のなかで、教員や管理職に懲戒されるよう
な反応や行動を見せた場合、学校記録にある情報は、その子
の行動の本質をよりよく理解し、それにどう対処するのが最
善かを考える上で、非常に役に立つ。このような情報があれ
ば、度重なる措置変更や、家や学校を転々とすることで里子
がトラウマを受けている時期に、本人のニーズにより良く応
えることが可能になる。スクールカウンセラーもまた、非常
に重要な里子の背景情報を得ていないことが多い。この情報
がないと、スクールカウンセラーが子どもとそのニーズを理

解するのは非常に難しくなる。

スクールカウンセラー・教員・管理職と里子の担当ソーシャルワーカーとの間のコミュニケーションは、里子の行動に関する緊急事態において、あるいは学業理解においても、最も重要なものとなる。例えば、デリック（Derrick）という15歳の里子の例を見てみよう。デリックは、幼い頃から両親による身体的・言語的虐待を受けた挙句、両親に育児放棄された。デリックは怒りの発作に悩まされ、多くの人が些細だと思うようなことでも怒りを爆発させる傾向があった。その場に馴染んで「里子」というレッテルを剥がしたい一心で、教室やカフェテリアで注目の的になろうとすることが多かった。

ある日の昼食時間に、デリックは管理職から静かにするように言われた。デリックは、内面で激しく渦巻く感情を抑えきれず、管理職に対して怒りを爆発させた。悪態をつき、椅子を投げるまでした。かなりの時間が経ってから、デリックはカフェテリアから会議室に連れて行かれたが、そこで彼は自殺を口にし始めた。学校側は、デリックが転入した2週間前に、彼が里子であることを知らされていた。そこで、管理職は担当ソーシャルワーカーへの連絡を試みた。状況を知らせるためだけでなく、その状況に対処するための何らかの指導や提案を受けようとしたのだ。しかし、その試みはうまくいかず、管理職とスクールカウンセラーは、デリックの行動上のニーズにどう対処するのが最善なのか、手探り状態になってしまった。残念ながら、このような緊急時に教員や学

校関係者がソーシャルワーカーと連絡を取ろうとしても、連絡がつかないことが多く、教員や管理職は自分たちだけで問題に対処せざるを得ないことが多い。

ソーシャルワーカー

　先に述べたように、今日のソーシャルワーカーは、しばしばリソース不足、低賃金、過重労働で、忙殺されている。予算削減のせいで、里子と関わるソーシャルワーカーの困難な仕事は、ますます困難になっている。資金の減少に伴い、児童福祉機関に雇用されるソーシャルワーカーの数も減少している。しかし、ソーシャルワーカーの数が減っても、里親委託される子どもの数は変わらない。その結果、一人のソーシャルワーカーが担う役割と取扱件数は増えており、その責任はますます重くなっている。結果的に、ソーシャルワーカーは、「より少ない人員でより多くのことをこなさなければならない」（University of Connecticut 2011）事態に陥っているのだ。

　第 1 章で見てきたように、ソーシャルワーカーは、担当している里親養育下の子どもに関して、実に多くの責任を負っている。子どもの里親探し、子どもたちの医療問題、実親との連携、裁判所への出頭、里親との連携は、彼らの日常業務の一部に過ぎない。さらに、彼らが果たす、あるいは果たすべきより重要な役割の一つに、子どもの教育的ニーズを確実に満たすことが挙げられる。この役割には、生徒の履修単位

数や授業に関する計画に寄与すること、学校での行動や学業成績をチェックすること、教員と定期的にコミュニケーションを取ることなどが含まれるかもしれない。

　まず第一に、里子が新しい学校に転入するとき、成績証明書が前の学校からきちんと届いているかどうか確認するのは、多くの場合ソーシャルワーカーの責任である。この成績証明書がないと、学校はその生徒の転入を許可できないことがよくある。しかし、多くの里親、学校、そして社会一般がわかっていないのは、ソーシャルワーカーがたくさんの子どもの面倒を見ているということだ。したがって、ソーシャルワーカーは、一人の子どもにすべての時間と注意を集中させることはできないのだ。もちろん、ソーシャルワーカーは、どの子どものニーズへの対応についても同程度の義務を負っているが、特定の子どものニーズが多くの注意を必要とする場合があり、そのために他の子どもの時間が奪われてしまうことがある。子どもの新しい家庭への委託や新しい学校への転入は、間違いなく、多くの時間を必要とする事例だ。というのも、やるべきことは膨大なのに、それを行うための時間がほとんどないからだ。ソーシャルワーカーは忙殺されてしまい、前の学校からの成績証明書の追跡は容易ではない作業となる可能性がある。学校によっては、他の学校よりも迅速にこの要求に応じてくれる。元生徒の成績証明書や学校記録を、転校先にファックスやスキャン、あるいは電子メールで送ってくれる学校もあるかもしれないが、親またはソーシャルワーカーが成績証明書や学校記録を直接受け取って新しい

学校に届けることを要求する学校もある。残念ながら、多忙を極めるソーシャルワーカーは、このようなことにすぐに対応できない場合がある。その結果、子どもはすぐには学校に入れず、新しい学校が前の学校からの成績証明書や学校記録を待っている間、実際に数日以上の欠席を余儀なくされることがある。

> 　私の仕事で最も難しいことの一つは、学校との連携です。受け持ちの里子の一人を新しい学校に転入させる際、新しい学校に行って教員やスクールカウンセラーなどに会う時間がないことがよくあります。新しい学校に成績証明書などの必要書類が揃っているかどうかの確認に関して、里親に頼らざるを得ないことも多々あります。一日にやるべきことをすべて済ませるには、時間が足りないのです。

> 　　　　　　ローリー（Lauri）・M、ソーシャルワーカー歴 7 年

　ローリーがここで述べたように、ソーシャルワーカーは、里子の学校への登録や成績のチェック、里子の行動と学業成績の評価、さらには個別指導など里子の学習上の特別なニーズが満たされたかどうか確認するのに、里親に頼らざるを得ないことが多い。ある研究では、ソーシャルワーカーの関与は、学校にいる間の子どもの問題行動に対処することだけに

大きく限定されていることが明らかになった（Finkelstein, Wamsley, and Miranda 2002）。

　里子の学業成績に積極的に関与するための対策を講じているソーシャルワーカーもいたが、同じ調査で、多くのソーシャルワーカーが里子の日々の活動や学業成績に関与しないことを選択していたり、問題が起きるまで問題に気づかなかったりして、里子のために関与する必要性が生じていることもわかった。

　また、ソーシャルワーカーが、担当している子どもの里親から必要な情報をもらえない場合もある。フィンケルスタイン（Finkelstein）ら（2002）の研究によると、ソーシャルワーカーへの通知表や行動報告書の提供に関して、当てにできない里親もいるという。この点については、場合によっては学校も同じくらい当てにならない。多くのソーシャルワーカーは、通知表や学校の成績を手に入れるまでに長い時間を要し、担当している里子にしっかりと関与したいと望んでいても、学業成績を注意深くチェックするのが遅れることがある。また、ソーシャルワーカーが、教員や管理職となかなか連絡を取れないこともある。多忙な教員やスクールカウンセラーは、学業成績や行動、そして場合によっては里親養育下の生徒のために計画される重要な「個別教育計画」について、ソーシャルワーカーと会って話し合う時間を見つけられないかもしれない。このようなミーティングは、生徒のニーズへの最適な対応や必要なリソースに関する計画を立てる上で、非常に有益である可能性があるというのに。多くの里子に

とって、ソーシャルワーカーは自分の人生のなかで最も一貫した大人であり、里親よりも子どものニーズをよくわかっていることがある。というのも、里子は家庭から家庭へと移動することが多いからだ。ソーシャルワーカーの情報提供と専門的な見解は、子どものすべてのニーズを満たすための調整において極めて重要なものになる可能性がある。しかし、ソーシャルワーカーは離職率が高いため（Stephenson 2009）、新しいソーシャルワーカーが里子の学業上の最新のニーズを正確に把握することは難しいかもしれない。

里　親

　里子が学校でうまくやるための最も重要な鍵の一つとなるのは、里親の支援、関与、そして励ましである。実際、ある調査に参加した教員によると、里親が学校活動に関与している里子の方が、学業成績がより優れているという（Coulling 2000）。しかし残念ながら、多くの里親は、さまざまな理由から里子の学校に関わっていない。

　多くの里親は、自分の里子が学校にいる間、里親委託されていることに起因する特有の問題に直面することはない、と誤って思い込んでいる。さらにある調査では、多くの里親が、自分の里子は社交面でうまくやっており、多くの友人がいる、と信じていることがわかった。また、この調査に参加した里親は、里子が里親委託されたことについて恥ずかしく思うこともなければ、そのことでレッテルを貼られることもない、

と思い込んでいた（Finkelstein et al. 2002）。その結果、多くの里親は、里子の学業成績についてそれほど心配していない。さらには、里子がクラスのなかで平均的な成績を取っているだけで満足している里親もいる。しかし、これまでの章ではっきりと示してきたように、里親養育下の子どもたちは、学校にいる間にさまざまな心の傷を負い、学業成績も同級生より低く、里子というレッテルを貼られて引け目を感じることも少なくない。したがって、このような独り善がりな里親は、里子だけでなく、学校全体にも良くない影響を与えているといえる。

　多くの場合、里親は、自分の里子を受け持つ教員や学校職員を訪ねたり、自分から連絡を取ったりはしない。実際、両者間のやり取りの多くは、主に生徒の問題行動への対応として、教員の方から始める（Finkelstein et al. 2002）。今日の里親の多くは、すでに子どもが高校を卒業しているか、実子をもったことがない。その結果、これらの里親の多くは、里子の成績をきちんと把握するために定期的に里子を受け持つ教員に連絡を取ることの重要性を認識していない、あるいは、そうするための学校の方針や手続きに精通していないことがある。里親のなかには、自分の実子に加えて何人もの里子を抱え、さらに自分の仕事もあるため、単に子どもの行動や学業成績に関して教員や学校職員に連絡する時間が一日のなかで十分に取れない、という人もいる。

　多くの場合、里子はさまざまな健康上の問題を抱えており、受診に多くの時間を費やす必要があるため、欠席日数がさら

に増えてしまう。またその結果、里親は仕事を休み、里子の通院に付き添わなければならないこともある。このような場合、里親のなかには、学校の理解が足りないと怒る人もいる（Finkelstein et al. 2002）。このような欠席に加え、先に述べたように、転校に伴う欠席もある。里親によっては、学校も子どもの教育も混乱させてはいけないという考えから、新年度が始まるまで待つこともあり、その結果、子どもがさらに後れを取ってしまうこともある。

　これまで明らかにしてきたように、里子が学校でうまくやるのを妨げる要因は数多くある。子どもが抱えている心理的なトラウマであれ、度重なる措置変更によって家庭や学校を転々としていることであれ、ソーシャルワーカーや学校職員や里親の理解不足であれ、里親委託された子どもは数々の障害に阻まれ、うまくやることができずにいる。子どもたちが生き延びるだけでなく、学校でうまくやるためには、教員・ソーシャルワーカー・里親の三者がこれらの障害について理解し、困っている子どもの利益のために協力し合うことが不可欠なのだ。

第 6 章

里子の学校生活に何を期待すべきか

この少年の生い立ちを聞いて、私はとても感情を揺り動かされました。

　ネグレクト。育児放棄。虐待。それまでの私にとって、これらは単なる言葉でしかありませんでした。悲劇的で嘆かわしいことだとわかってはいましたが、やはりただの言葉でした。比較的安定した家庭と家族のなかで育った私は、これらの言葉を実際に体験したことがありませんでした。これらの言葉が誰かの人生のなかでどんな様相を呈しているのか、見たことがなかったのです。これらの言葉がどれほど悲劇的で嘆かわしい状態を意味しているのか、実感したことがなかったのです。

　この少年が家庭で経験したことを里親が説明してくれたとき、共有されたイメージが私の頭から離れなくなってしまいました。気持ち悪さ、嫌悪感、反感、そして怒りがこみ上げてきたのです。わが子が身体的虐待を受けることを、親がどうして許せるのでしょうか？　汚物の山が部屋に積まれているような環境でわが子が生活することを？　わが子の服や肌や髪が汚物から出る有害な細菌に汚染されることを？　親が、わが子への愛情や世話よりも、薬物を優先させるなんて、どうしてあり得るのでしょうか？

　親である私自身、言葉を失いました。

　そして里親は、この少年は以前私の勤務する学校に在籍していたけれども、厳しい懲戒処分を受けたのだと教えてくれました。里親によると、今回が彼にとって最後

のチャンスだということでした。行動や学業成績に問題があれば、すぐに里親に知らせるように、とのことでした。

　里親が最後に言ったことは、この子どもは頭脳明晰で、早い段階で学校にギフテッド教育の対象とされていた、ということでした。

　もちろん、このような言葉には聞き覚えがありました。多くの親が、教員と面談すると自分の子どもの素晴らしさを褒めちぎります。だから私は、この最後の言葉をやや軽く受け流しました。私の内面では、まだこの少年の家庭環境にひどく戸惑っていたのです。

　しかし、授業でこの少年に会ったとき、私はすぐに彼の才能を認めました。彼は極めて素早く概念を理解したのです。ほとんど瞬時に推論し、結論を導き出すことができました。他の９年生が知らないような小説や作家を読んだことがあったり、親しんだりしていました。要するに、彼は優れた読書家であり、批判的思考をする人だったのです。

　しかし、彼はかなり感じが悪く、衝動的でした。落ち着きがなく、騒々しく、ひねくれていて、こそこそしていました。思いついたことはしばしば何でも口にしました。鉛筆で机をコツコツ叩いて周りを驚かせました。自分の席まで行くのに、他の机の周りを歩くのではなく、机の列を飛び越えました。丸めた紙を部屋の反対側にあるゴミ箱に投げ入れました。『ロミオとジュリエット』

を読みながら淫らなコメントをしました。試験や小テストの最中に携帯電話で遊んでいました。また、証明はできませんが、欠席したときの居場所や提出物を期限内に提出しなかった理由について、大胆な嘘をついたことは間違いありません。

多くの教員は、このような行動を「呼び出し指導の必要性を示す根拠」として捉えるでしょうが、私はこれらの行動の多くを見逃すことにしていました。私が正式に苦情を言わなければならないほど、これらの行為がクラスを混乱させることはほとんどありませんでした。ごくまれに、私は里親に彼の行動を知らせました。しかし、たいていの場合は、彼を見て首を横に振るか、落ち着くまで廊下に出ているように頼むだけでよかったのです。

何度か廊下で話をする必要があった際には、この少年はすぐに反省の様子を見せました。彼は礼儀正しく「はい、先生」「いいえ、先生」と言いました。そして私の目を見て「ごめんなさい」と言いました。教室に戻ると、少なくとも次の日までは、もう問題を起こさなくなりました。

私はこの少年の可能性を信じていたので、進んでこのように接しました。その可能性は、彼の実親によって無駄にされるところだったのです。その可能性は、アイヒマン主義[訳注19]や厳格さではなく、思いやりや寛容さを

訳注19　アイヒマンとは、ナチスドイツ政権下でユダヤ人虐殺を推し進めた人物。

　　必要としていました。正直にいうと、私は、この少年が
　いつかハーバード大学かブラウン大学に入ると思ってい
　て、彼の将来が一回の呼び出し指導で潰されてしまうの
　ではないかと恐れたのです。

ブライアン（Brian）・P、英語教員歴5年

　子どもが新しい家庭に委託され、新しい学校に転入した途
端に、その子どもの世界は一変してしまう。今や、これまで
とは異なるルールに従い、異なる期待に応えなければならな
い。里親家庭も学校も、子どもにとっては新しい環境である。
新しい両親までいて、学校は新しい先生やクラスメートで
いっぱいだ。これまで本当だと思ってきたことは、今では違
う。これらは、子どものライフスタイルを大きく変えてしま
うものだ。すべての意思決定権が子どもから奪われたのだ。
里子は、自分の意思に反して、自分で選んだわけでもないの
に、新しい里親家庭や新しい学校にいるのだ。
　里子は、さまざまな理由から、学校での成績が悪いのが一
般的だ。度重なる措置変更によって家庭から家庭へ転々とす

命令に従順であったことから、事務的、官僚的という意味で用いられていると
思われる。近年ではそうした人間像に反論があるが、ここでは、子どもの問題
行動に対して事務的に対処することを指していると思われる。参考：香月恵里
（2022）「悪の陳腐さは無効になったのか──エルサレム〈以前〉のアイヒマン
を検討する」（シンポジウム報告）『Arendt Platz』（7）、2-12

ることで、里子は学校に不満をもち、すぐに興味を失ってし
まうことがよくある。新しい学校に転入する際、成績証明書
や学校記録がなかったり、不完全であったりすることが多く、
その結果、子どもは最も適切な支援が受けられるクラスに入
れてもらえず、うまくやるために必要なリソースも得られな
いことがよくある。また、教員や管理職はその生徒が里子で
あることを知らないことが多く、通常、里子が抱えている多
くの精神的困難やトラウマについても知らないことが多い。
さらに、実家族と一緒に暮らしていたときに、困難に直面し
ていた可能性もある。里子は、家庭でルールというものを一
切示されず、お手伝いをするように言われたこともないかも
しれない。宿題は、里子にとってまったく馴染みのないもの
かもしれない。というのも、里子は宿題をするように期待さ
れたことも、強く言われたこともない可能性があるからだ。
マナーを教わったことも、手本を示してもらったこともない
かもしれない。新しい里親のもとで暮らすようになるまで、
本人の衛生状態さえも確立されていなかったかもしれない。
間違いなく、里親養育下の子どもたちは、学業、行動、社会
的関係、あるいはその三つの組み合わせのいずれにおいても、
学校で苦戦する可能性が高いのだ。

　里親委託された子どもたちに関わる大人や養育者は、これ
らの生徒たちの出自や日々の経験を心に留めながら、彼らに
合理的な期待をかける必要がある。まずは、大人が学業成績
に関して現実的な期待を設定することが重要だろう。これま
で見てきたように、里親養育下の子どもたちは、成績不振や

郵便はがき

料金受取人払郵便

神田局
承認

7846

差出有効期間
2024年6月
30日まで

切手を貼らずに
お出し下さい。

101-8796

5 3 7

【 受 取 人 】

東京都千代田区外神田6-9-5

株式会社 明石書店 読者通信係 行

||||·|·||··||··||||||··||||||·||||·|··|·|··|·|·|·|·|·|·|·||·|||

お買い上げ、ありがとうございました。
今後の出版物の参考といたしたく、ご記入、ご投函いただければ幸いに存じます。

ふりがな		年齢	性別
お名前			

ご住所 〒　　　-

TEL　　　　　（　　　）　　　　　FAX　　　　（　　　）
メールアドレス	ご職業（または学校名）

＊図書目録のご希望	＊ジャンル別などのご案内（不定期）のご希望	
□ある	□ある：ジャンル（	）
□ない	□ない	

書籍のタイトル

◆本書を何でお知りになりましたか？
　　　□新聞・雑誌の広告…掲載紙誌名[　　　　　　　　　　　　　　　　　]
　　　□書評・紹介記事……掲載紙誌名[　　　　　　　　　　　　　　　　　]
　　　□店頭で　　　□知人のすすめ　　　□弊社からの案内　　　□弊社ホームページ
　　　□ネット書店 [　　　　　　　　　　　　] □その他[　　　　　　　　　]
◆本書についてのご意見・ご感想
　　■定　　　価　　　□安い（満足）　　□ほどほど　　□高い（不満）
　　■カバーデザイン　　□良い　　　　　□ふつう　　　□悪い・ふさわしくない
　　■内　　　容　　　□良い　　　　　□ふつう　　　□期待はずれ
　　■その他お気づきの点、ご質問、ご感想など、ご自由にお書き下さい。

◆本書をお買い上げの書店
　　[　　　　　　　　市・区・町・村　　　　　　　書店　　　　　　店]
◆今後どのような書籍をお望みですか？
　　今関心をお持ちのテーマ・人・ジャンル、また翻訳希望の本など、何でもお書き下さい。

◆ご購読紙　(1)朝日　(2)読売　(3)毎日　(4)日経　(5)その他[　　　　　　新聞]
◆定期ご購読の雑誌 [　　　　　　　　　　　　　　　　　　　　　　　　]

ご協力ありがとうございました。
ご意見などを弊社ホームページなどでご紹介させていただくことがあります。　　□諾　□否

◆ご 注 文 書◆　このハガキで弊社刊行物をご注文いただけます。
　　□ご指定の書店でお受取り……下欄に書店名と所在地域、わかれば電話番号をご記入下さい。
　　□代金引換郵便にてお受取り…送料＋手数料として500円かかります（表記ご住所宛のみ）。

書名		
		冊
書名		
		冊

ご指定の書店・支店名	書店の所在地域	
	都・道	市・区
	府・県	町・村
	書店の電話番号	（　　　）

学習障害に悩まされていることが非常に多い。これは、多くの場合、里子のおよそ50％が、５歳か６歳で正式な教育を受け始めて以降、少なくとも４回は転校しているという事実が原因である（Powers and Stotland 2002）。このような子どもたちの場合、里親委託に伴う混乱や転校のたびに、学業面の遅れを取り戻すのに４か月から６か月かかることが多い（Calvin 2001）。この単純な理由、および先に述べた他の多くの理由によって、なぜ里子の成績不振が常態化しているのかは容易に理解できる。

「親の期待」とは、「科目の成績、最高学歴、大学進学などに反映される、子どもの将来の達成に関して親が抱いている現実的な信念や判断」と定義できる（Yamamoto and Holloway 2010）。このような親の期待は、子どもが学校で挙げる成果に対する強力な予測因子となる（Davis-Kean 2005）。さらに、親からの高い期待は、子どもの学業成績だけでなく、学校への出席率にもプラスの影響を与える（Jeynes 2005）。実際、こうした親の期待は、子どもの学業成績、学校での行動、成功への意欲に強い影響を与えることが多いのだ。しかし、多くの子どもたちがそのような期待がほとんど存在しない家庭の出身で、里親養育下の子どもはこの部類に入る可能性が高い。悲しいことに、このような子どもたちの多くは、誰からも期待されていないため、彼ら自身も自分に大きな期待を抱いていない可能性が高いのだ。

教員や里親やソーシャルワーカーは、学業成績だけでなく、行動や社会スキルについても、里子に合理的な期待をかける

べきである。その子どもの学力レベルがどの程度か、そして
その子どもに何ができるかを判断した上で、大人は過大な要
求をしないようにする必要がある。これらの期待は、合理的
で現実的なものでなければならない。結局のところ、子ども
は一人ひとり異なり、学び方もそれぞれで、高校卒業後に
ハーバードやオックスフォードに行く子どもばかりではない
のだ。これまで見てきたように、里親養育下の子どもたちは、
さまざまな理由から、同年齢の子どもたちよりも学業成績が
低下することがある。この事実だけは、里子の面倒を見る人
たちは覚えておく必要がある。実際、里子の養育者たちは、
子どもの生活の中心が学校であると期待してはならないので
ある。というのも、実際にそうではないからだ。このことを
心に留めておくことは重要である。なぜなら、里親養育下の
子どもたちは、学業に励むことも、学校の勉強を優先させる
こともない可能性が高いからだ。これらの生徒の多くは、学
校の勉強や成績、学校での振る舞いに関心がないだけかもし
れない。里親家庭に委託されたからといって、一夜にして魔
法のように物事が変わるわけではない。実際、里親家庭に委
託された後、里子の学校に対する姿勢が変わるまでには、長
い時間がかかるかもしれない。実際には、里親養育下に置か
れている間、あるいはその後の人生においても、学校に対す
る姿勢がまったく変わらないこともある。これは、その子ど
もが、学校の重要性が強調されることのない環境や家庭で何
年も暮らしてきたことが原因かもしれない。そのため、教員
やソーシャルワーカーや里親はこのような可能性を認識して

おく必要がある。

読書能力の発達ステージ

第3章で見てきたように、里親養育下の子どもたちは、読書能力において遅れていることが多い。実際、彼らの多くは、一般的な家庭の子どもたちよりも語彙が少なく、大人や親に音読を聞いてもらった経験が少ない。加えて、多くの里子は大人に音読をしてもらったこともない。したがって、里親やその他の養育者は、このような子どもたちに、読書能力に関してすぐに大きな期待をかけないようにする必要があるだろう。このような子どもの読書の苦労を理解するためには、子どもたちがたどる読書の発達ステージをある程度理解することが重要だ。この発達ステージは、ハーバード大学の先駆的な研究者であるジーン・S・チャル（Jeanne S. Chall）によって考案されたもので、里親・教員・ソーシャルワーカーは、子どもが読解力に関してどの発達ステージにあるのか、そしてどのように手助けしたらよいのかについての知識を得ることができる。また、チャル（1983）は、これらの読解力の発達ステージに参考として年齢と学力レベルを添えている。

ステージ0. 読書前段階（0〜6歳）

この初期段階では、子どもたちは「ふりをする」という行為を通して、読み方を学んでいる。この段階で、子どもたちは言葉の音について学ぶ。絵を見て自分の言葉で物語を再現

したり、以前に読んでもらった内容を再構築したりして、本を「読む」のだ。アルファベットの認識もこの時期に始まり、目にした文字を読み上げるようになる。また、目にした文字や自分の名前を書き始める兆候も見られる。さらに、子どもたちは、この初期段階に、本や鉛筆、紙、クレヨンなどを使って遊ぶことも覚える。

ステージ1. 初期の読書と解読 (6～7歳)

　ほとんどの子どもたちは、このステージで「読む」ことを覚え、「若き読者」になる。最初に、文字と音の関係を学び、両者を結びつけて単語を発音し、解読していくのだ。また、書かれた単語と話される単語の関係を認識することも覚える。この時期になると、使用頻度の高い単語を含む簡単な文章を読むことができるようになる。また、自分自身のスキルと洞察力を動員して、初めて見る単語や音節を「発音」できるようにもなる。

ステージ2. 確立と流暢さ (7～8歳)

　このステージになると、子どもたちは、一文字ずつ読み上げなくても、自動的に単語全体を認識するようになる。そして、簡単で身近な物語や選集を、ますます自信をもってすらすらと読めるようになる。より高度な概念や、より発展させた複雑な物語を理解するための余力を子どもたちがもつようになるのも、この時期である。

ステージ3. 学ぶための読書（9〜13歳）

　このステージになると、子どもは流暢で自信に満ちた読者になっている。子どもたちが学ぶために読むようになり、その過程で知識や情報を獲得するようになるのは、この時期である。また、このステージの読者は、新しい経験や感情や態度を獲得するために本を読む。子どもたちが読書能力のこの発達ステージをクリアするためには、読んだり触れたりした新しい情報を完全に理解するために自分自身の過去の経験を活用する必要がある。ステージ3では、多くの里子が困難を経験するようになる。さまざまな意味で貧しい家庭環境で育ったことで、読んでいる内容を文脈に関連づけて捉えるために必要な生活体験を持ち合わせていないことがあるからだ。

ステージ4. 複数の視点（15〜17歳）

　このステージでは、生徒たちは複雑な資料を幅広く読み、読みながら内容を分析したり批評したりするようになる。彼らが読む文章の多くには、さまざまな視点があり、読者は読んだ内容を通していかに複数の視点を理解するかを学ぶ。実際、これらの生徒たちが、それまでもっていた考えや信念を覆すような新しい資料を読んでそれらを修正できるようになるのは、この時期である。

ステージ5. 構築と再構築（18歳〜）

　この上級ステージでは、読者はプライベートや仕事など、自分自身の目的のために読書を利用する。このレベルの読者

は、さまざまな情報源から情報を取り込み、それを解釈して新たな知識を構築するために本を読むのだ。また、ステージ5の読者は、長文を短時間で読むために拾い読みの技術を用いる。最終的には、これらの読者は、読んだ資料に基づいて、自分自身の教養ある視点や意見を形成する。

行　動

　里親養育下の子どもが学校で行動上の問題を起こす理由には、さまざまな要因がある。おそらく、彼らは自分の家で行儀良くするよう奨励されたことがなく、また教室で行儀良くすることの重要性を実家族から教えられたことがないのかもしれない。このような子どもは、自分自身が抱えている心理的トラウマが理由で、教室で悪態をつくのかもしれない。里親委託された後、自分に合わないクラスに入れられてしまったことが原因で、イライラしているのかもしれない。身体的・心理的な問題を抱えていることで学習上の問題が生じ、さらに苛立ちを募らせているのかもしれない。学校は、その子どものニーズを最も適切に満たすために必要な〈学校での適切な行動変容[訳注20]の実践〉をしていかないと、子どもの問題行動を助長してしまう可能性がある。また、その子どものニーズを最も適切に満たせるような教え方や行動変容の方

訳注20　心理学で使われる用語。ある人の生活に何らかの改善をもたらすために、行動を変えることを指す。参考：園山繁樹訳（2006）『行動変容法入門』二瓶社

法を、教員が知らない場合もある。面会交流や裁判所への出頭も、学校での問題行動の一因となることがある。同級生からの圧力や、里子だというレッテルや立場が、学校での問題行動につながることもある。これらのことに加えて、精神疾患や貧困、薬物使用や依存、犯罪歴や収監など、自分の立場や家族についての私的な個人情報が広まってしまい、本人が恥ずかしい思いをしていることがある。この種の羞恥もまた、学校での問題行動につながる可能性がある。なぜなら、その羞恥のせいで子どもの不安が増大したり、同級生との関係が脅かされたりするからだ。どのような理由にしろ、里親養育下の子どもたちは、第3章で述べたように、里親養育に置かれている間に直面したトラウマや困難をただ生き延びようとするなかで、学校でさまざまな行動上の問題を起こすのである。

　里親・学校関係者・ソーシャルワーカーは、里子に関して、このような行動上の問題が起こり得ることを念頭に置く必要があるだろう。子どもが最初に里親家庭に委託され、新しい学校に転入して新しいクラスに入るとき、これらの養育者たちは、その子どもが模範的な生徒のように行動したり振る舞ったりすることを期待してはならない。実際、その子どもは、理想的な、あるいは適切な振る舞いをしない可能性が高い。したがって、ソーシャルワーカー・教員・里親はそのことを想定し、行動上の問題が発生した場合に備えておく必要がある。学業成績に関する期待と同様に、行動に関する期待も、現実的かつ合理的でなければならない。それと同時に、

里親や教員やソーシャルワーカーは、生徒が慣れ親しんだパターンに逆戻りしてしまったような場合にも、理解を示さなければならない。例えば、ジョナサン（Jonathan）の例を見てみよう。

　　ジョナサンは私たちの13歳の里子で、1年余り私たちと一緒に暮らしていました。ジョナサンが私たちの家族と暮らすようになる前、彼はいつも学校でトラブルを起こしていました。学校ではよく友人と喧嘩をし、先生に無礼な態度で口答えをし、他人と話すときには口汚いののしりの言葉や卑猥な言葉をよく使っていました。実家族と暮らしていた頃、ジョナサンは何日も続けて学校を休み、欠席がちでした。また、学校にいるときは、学校の居残り部屋で多くの時間を過ごしていました。

　　夫と私は、ジョナサンの行動に関して、高い期待をかけていました。彼の成績は平均的で、私たちは彼の能力以上のことを要求しませんでした。しかし行動に関しては、毎日ベストを尽くすようにと伝えました。最初の数か月間は大変でした。というのも、彼は問題を起こし続けたからです。しかし何か月か経つと、ジョナサンの行動は改善して学校でうまくやるようになり、トラブルを起こすこともなくなりました。

　　ある日の午後、学校の教頭から私の職場に電話があり、ジョナサンが翌日から校内謹慎処分になると告げられました。どうやら、他の生徒を殴ってしまったようなので

す。教員がそのことについて尋ねると、ジョナサンは自己防衛的になって教員と口論を始めてしまったので、問題はさらに大きくなってしまいました。その夜、帰宅したジョナサンに、彼の行動について、何が正しくて何が間違っているのか話をしました。彼の出自を考えれば、時々いつものパターンに戻ってしまうのは不思議なことではありません。つまり、これが彼の〈育ち〉なのです。彼が自分のやり方を変えるのを助けることは、大変な仕事になるでしょう。一夜にして成し遂げられるものではありません。私たちはただ、辛抱強く彼と付き合っていくしかないのです。

アンジェラ（Angela）、里親歴７年

第 7 章

教員にできること

何年も前、私の友人が自宅を開放して里親になりました。たくさんの愛と兄弟と動物と面倒見のいい両親で賑やかなこの家に多くの若者たちがやって来ては巣立っていくのを、私は見てきました。そのうちの何人かとは、幸運にも二つの面で知り合うことができました。一つは愛と思いやりにあふれた〈家庭〉という面、もう一つは愛と思いやりとは無縁の〈教室〉という面です。私は、このような生徒たちが、つらく困難な日々をうまく乗り切れるように助ける方法を見つけようとしました。その結果わかったことは、どのような状況にあっても、このような子どもたちは皆、帰属感や愛されている実感を失っている、ということでした。

　このような経験は、教室にいる里子たちについて、いくつかの気づきを与えてくれました。まず、私はマズローの欲求ピラミッドを思い出さなければなりませんでした。これらの生徒たちにとっては、いろいろと大変なことが多すぎて、私の授業の語彙リストを覚えることは最も優先度の低いことだったのです。次に、これらの子どもたちは、大きな〈信頼問題〉を抱えていることに気づきました。彼らはいつでも、起きるはずの悪いことがいつ起きるのかと不安な気持ちで待っているのです。だから、私の授業の間、私が教える教科内容にあまり関心を示さないこともありました。また、これらの子どもたちと関わると同時に、里親という新たなグループの人々とも関わらなければなりませんでした。これらの人々は、

もちろん実親とは違います。それまでまったくつながり
のなかった子どもを自分の家庭に迎えて、その子どもと
の関係を築こうとしている点など、さまざまな点で実親
とは異なるのです。里親たちにとって、教育は家庭のな
かで一番重要な現実ではありませんでした。この子ども
にとって、宿題はそれほど重要なものでなくてもいいの
かもしれない、と私は思いました。私は、夜の「家族」
の時間がいつも宿題に関する口論になってしまわないよ
うに、宿題を終わらせる方法を考えなければなりません
でした。この場合も、里親宅では、私が出した宿題以上
に別のことに対応したり取り組んだりしなければならな
かったのです。これまで関わってきたいくつかの家庭で
は物事を少し違った形で行わなければならない、という
事実を受け入れなければなりませんでした。この子ども
たちは、新しい環境に馴染んで受け入れられたいと思っ
ているのですが、教員には理解できないようなやり方で、
周りの人たちを信頼することを学ばなければならない、
という問題があるのです。里子たちは話をする友人が欲
しいのですが、その新しい相手とどこまで自分の経験を
共有すればいいのでしょうか？　その人は、言われたこ
とをどう受け止めるでしょうか？　里子たちは、自分た
ちの世界がまたひっくり返されるようなことはない、と
信じる必要があるのです。里子を受け持つ教員として、
私たちは、里子が自分の教室にいる限り、その生徒が歓
迎され、励まされ、理解される日々を送れるように努め

なければなりません。私たちを信頼するよう、彼らを励まさなければならないのです。

　私の生徒の一人は里親に養子縁組されたため、彼女の世界は落ち着いたのですが、その後の日々は決して順風満帆ではありませんでした。この生徒は、10代前半で家から連れ出され、とても腹を立てていました。このようなひどいことが彼女の身に降りかかるのを許した実母に腹を立てていました。また、養子縁組した家族がそこにいることに腹を立てていました。彼女のために最善を尽くしていたソーシャルワーカーにも腹を立てていました。学校にも、それが元の学校でないことに腹を立てていました。さらに、十分に「良い子」でなかったためにこのような事態を招いてしまった自分自身に腹を立てていました。だから、この少女は私のクラスにやってきて、腹を立てたかったし、腹を立てる必要があったのです。私は、彼女に怒りを捨てる努力、あるいは少なくとも怒りを置いておく場所を見つける努力をさせる方法を学ばなければなりませんでした。

　彼女が宿題もせず、テスト勉強もせず、尊大な態度で授業に臨んだ日々を覚えています。その日、私のクラスにいるということは、彼女にとって一番不本意なことでした。前の日にはきちんと授業準備をし、小テストで100点を取っていたのに。では、何が変わったのでしょう？　裁判所です。彼女は、聞き取りのために裁判所に行かなければならず、実母と会っていたのです。こ

れがあまりにもトラウマ的な経験だったので、彼女は何日も心が乱れていたのです。その後しばらくの間、里親家族との生活がどのようなものであったのかは、ただ察するばかりでした。教員として、私は彼女の怒りを掘り下げて、彼女の生活にどんな変化が起きているのかを探らなければなりませんでした。面会交流や裁判所に行く日について、里親が私と情報共有してくれたのは助かりました。面会交流があると、彼女が怒って内にこもることはほとんど予測できたからです。このような出来事に対して心の準備をしておくことは、とても役立ちました。

彼女は、私の心の扉が開かれていて、いつでも彼女に手を差し伸べる用意があることを知っていましたが、それでも私はこれが確かな事実だと彼女を安心させなければなりませんでした。高校に進学すると、彼女は他の生徒たちと打ち解けるようになり、すぐに友情を育むようになりました。彼女はもっと人を信頼するようになり、少しずつ壁を取り払うようになりました。彼女の教師として、私は第三者として見守りながら、必要ならいつでも彼女を別の方向へ導けるよう準備していました。彼女は、自分の居場所がどこなのかわからなくなり、今の家から別の場所へ連れて行かれるのではないかと長い間怯えて暮らしていました。彼女は、友人になりたいという人を受け入れないことが何度もありましたが、それは自己防衛のためだったと私は思っています。彼女の友人になるのは理想的なことではないし、簡単ではないのです。

里子たちは、必ずしも教育志向ではなく、私もそれで
いいのだと学ばなければなりませんでした。授業内容の
うち、これらの生徒たちの頭に残らなかったことがたく
さんあったことは知っています。私のクラスに入って来
たときに彼らが学び直さなければならなかったスキルの
いくつかを伸ばすのに、私のしたことが役立ったなら幸
いです。私は、彼女がいつも正しい意思決定をしないこ
とをとても心配していました。そして、ほとんどの場合、
これらの意思決定は「みんな」に溶け込むためになされ
たものでした。多くの浮き沈みを経て、そしてこれから
も多くの浮き沈みを経験するのでしょうが、この少女は
自分なりの成功と幸福を見つけることができました。彼
女は今でも、これらの経験によるたくさんの心の傷、私
が与り知らないようなたくさんの心の傷を抱えているこ
とを、私は知っています。しかし、里親の助けを借りて、
彼女は信頼する方法を見つけ、自立した生活を送ってい
ます。
　それは、私たちがすべての生徒たちに望んでいること
ではないでしょうか？

　　　　　ジョニー・スー（Johnnie Sue）・M、教員歴 30 年

　里子は 1 年のうちの大半、週 5 日一日 8 時間以上、学校で
過ごすことになる。実際、里親養育下の子どもたちは、一日

のうち、里親と過ごすよりも長い時間を教員と過ごすことに
なるだろう。しかしこれまで見てきたように、多くの里子に
とって、学校は最も行きたくない場所である。というのも、
学校は、自分が里子であることを非常に思い知らされる場所
だからだ。しかし、教員や学校職員には、独自の前向きなや
り方で里子を助ける機会がある。

　里親養育下の子どもが、ある教員の受け持ちクラスに入る
際、教員がその生徒についての情報や考えを得ることは、関
係者全員のためになる。教員は、スクールカウンセラーと同
様、里子を受け持つ際に必要となる可能性のある背景情報を
知らないことが多い。ほとんどの場合、法的保護行為による
守秘義務の問題から、背景情報の公開が許可されていないの
だ。これは、その生徒が里子だからといって、教員が学業と
行動の両面で、その子どもに期待する水準を下げないように
するためでもあるのかもしれない。しかし、情報には理解が
伴う。多くの場合、教員が生徒のニーズと能力を十分に理解
するために、このような情報は必要である。教員がより多く
の情報をもっていればいるほど、子どもの行動や学業成績を
改善するために、教員はよりよい指導ができるようになる。
もし教員に子どもの過去の経験について何らかの考えがあれ
ば、教員はその子どもに対してもっと思いやりや理解を示せ
るようになるかもしれない。スクールカウンセラーは、里子
がクラスに入ってくる前に、あるいは入ってきた後できるだ
け早く、里子の情報をできるだけたくさん担任教員に伝える
ことによって、教員を助けることができる。同じように、教

員も、スクールカウンセラーに里子に関する情報を求めることができる。

　このような理解や思いやりは、子どもの問題行動に対する忍耐力と寛容さを生む。里子がさまざまな感情をもてあまして教員や他の生徒に対して怒りや不満を爆発させるような場合にも、教員はその子どもの心の動揺に対しより適切な対処ができるのだ。このような背景情報や考えは、教員がその状況に対する最適な対処方法を考える際に最も役立つ可能性がある。子どもの行動に対してすぐに行動指導願を書いて直ちに生徒を校長室送りにしたり、居残り部屋に行かせたりするのではなく、行動上の問題に対する初動対応として別のやり方を見つけることができる。例えば、教室のドアの近くに立つなどして、教室の外でその子どもを出迎え、教室に入る前に快い言葉で歓迎してほしい。そうすることで、教員はその子どもが教室に入る前に問題の兆候らしきものがないか探り、もしあれば先手を打つことができる。また、子どもが動揺していたり怒っていたりするようなら、話しかけて大丈夫かどうか尋ね、前向きな励ましの言葉をかけるなどして、問題が起こる前にその芽を摘むようにしてほしい。

　里子は、大人を信頼したり、大人と健全な関係を築いたりすることが難しいことが多い。その結果、教員と里子の関係は不健全なものになってしまうことが非常に多い。したがって、その里子が大人から残酷な言葉や怒鳴り声や虐待を受けてきた可能性があることを念頭に置いておくことが重要となる。教員は、代わりに静かな声、落ち着いた態度、そして寛

容な気持ちで里子と接することが大切なのだ。言い争えば言い争うほど、子どもをますます興奮させることになるだろう。

　気を散らせるような生徒や意地悪な生徒からは離れた場所に里子を座らせるようにしよう。もし里親養育下の生徒が教室で適切でない行動を取り始めたら、その生徒のところに行き、優しく注意や警告をしよう。もし止めないようなら、3分から10分の短いタイムアウトの時間を取るようにする。その間生徒は、部屋の静かな片隅に座ったり、外に出たり、他の教室や図書室やメディアセンターで作業をしたりして、自分の考えを整理して落ち着くことができる。必要であれば、スクールカウンセラーのところに行って、自分が直面している行動や情緒的混乱について話し合うように勧めてほしい。もし問題が続くようであれば、教員は生徒と簡単な面談を行い、教室での生徒の行動について、そしてそれが教室の環境と学習過程全体にどのような問題をもたらしているかについて、話し合う必要がある。その際に、教員は、自由回答式の質問をすることで、生徒が自分の行動について考える機会を作ることができる。そして教員は、里子自身に提案を求めながら、里子と一緒に問題行動の解決策を検討することができる。このようなやり方が効果的でない場合、教員は必要に応じ、里親やソーシャルワーカーや他の学校関係者と「生徒の行動に関する会議」をもてるように働きかけてもよい。

　教員が里子を支援できる最も重要な方法の一つは、学業面での支援である。多くの教員は、大多数の生徒の生活において、好成績や学力が優先事項であることを期待している。し

かし、里親養育下の子どもたちにとって、学校は優先事項ではなく、関心事でもない。むしろ、里親委託された多くの生徒の主な関心事と優先事項は「生き延びること」である。家を転々とすることから生き延びること、それまで受けてきた虐待やネグレクトから生き延びること、家族と離れて暮らすことから生き延びること、そして学校を転々とすることから生き延びることなのである。里子は学業面で遅れていることが多く、また、期待されることが異なる他の学区から転入してきたことで苦戦しているため、教員はこの事実をしっかりと認識する必要がある。不安定さと度重なる措置変更のせいで、学習面での抜けや障害が生じていることは間違いない。また、里子たちは、里親宅で過ごす間、たくさんの個人的な心の問題と格闘しており、多くの場合、宿題を済ませることは毎晩の主要な目標ではない。その代わり、子どもが抱えている心の問題がある晩の主要な心配事になることもあるだろう。教員が宿題を出す際には、このことを念頭に置いて、里子たちが抱えている問題に配慮する必要がある。学校教育関係者たちは、里親養育下の子どもたちへの配慮を欠いた課題やプロジェクトを出さないようにしなければならない。例えば、母の日や父の日の前に母親や父親について書かせること、家から写真をもってこさせること、家系図をたどること、インスピレーションを与えてくれる家族について発表させたり書かせたりすること、といったことである。

　それに加えて、教員が宿題を出す際には、誰か手助けしてくれる人が生徒の家にいるかどうかを気にかける必要がある。

また、教員が授業計画を立てる際にも、こうした里親や養育者を念頭に置き、生徒を巻き込んだコミュニケーションを日常的にとることもできる。最後に、教員は、宿題の締切や小テストや試験の日程を柔軟に設定することで、里子と里親の両者を大いに助けることができる。実親や実家族との面会交流の前後に宿題の締切や試験日を割り当てる場合は特にそうだ。里親養育下の子どもたちは、面会交流の日やその翌日には、さまざまな不安でいっぱいになっていることが多い。ネグレクトや虐待の加害者や刑務所にいる家族と面会交流することで生じた渦巻く感情を、必死に処理しようとするからだ。さらに、このような面会交流によって、実親とすぐに再統合できるという偽りの約束や誤った希望が生じてしまうこともある。このような約束や希望のせいで、子どもたちは、宿題や小テスト・試験のための勉強を適切かつ集中的にこなすことができなくなってしまう。

　宿題や試験日に関する柔軟な対応や理解が重要なのは、里親養育下の子どもが一般家庭の子どもよりも欠席が多くなりがちだからでもある。学校の授業時間内に行われることもある面会交流のためだけでなく、通院のために欠席しなければならない日もある。前述したように、里親養育下の子どもたちの多くは、さまざまな健康上の問題や医療ニーズを抱えている。初めて里親委託された子どもたちは、長いこと医師の診察を受けていないか、場合によっては初めて医師の診察を受けるので、病院通いのために多くの時間を費やすことになるかもしれない。

また、里親委託された子どもは、セラピストとの面会のために学校を休まなければならないこともある。これに加えて、里親養育下の生徒は、裁判所への出頭のために学校を休むこともある。里子が裁判所に出頭しなければならない場合があるのだ。パーマネンシー^{訳注21}に関する意見聴取は多くの場合裁判所の命令で行われるし、子どもや事案に関するその他の聞き取りもある。法廷は通常、学校の授業時間内に開かれるため、子どもはこのためにほぼ確実に学校を休むことになる。このような場合はいずれも、教員は宿題の期日や試験日程を決めるにあたって、より多くの理解を示す必要がある。子どもが学校の勉強を終わらせたり試験を受けたりできるように、時間や日程に余裕をもたせる必要がある。また、教員は放課後に補習を行い、里親養育下の生徒の宿題や苦手分野について手助けをすることもできる。

　悲しいことに、里親養育下の多くの子どもたちは、人生のなかで前向きなロールモデルとなる大人が身近にいたことがない。それだけでなく、気にかけてくれる大人から励まされたこともない。「がんばっているね」と声をかけてくれる人、「すごいね」と褒めてくれる人、「君ならできるよ」と言ってくれる人——要するに、自分のことを信じてくれる人が誰も

訳注21　「家族のようなつながり」をもつ人との継続的な人間関係を指す。例えば、養子縁組等を指す。近年では、「一人の信頼できる大人との関係を保つ」ことも、パーマネンシーの一つとして言われるようになった。参考：IFCA（2019）「パーマネント・パクト〈日本語版〉パンフレット」https://fields.canpan.info/report/download?id=29345（2023年9月9日閲覧）

いなかったのだ。その代わりに、これらの子どもたちは、長い間、周囲の大人たちから毎日怒鳴られ、ののしられ、学校の勉強に取り組むことも期待されず、うまくやろうとするたびに水を差され、自分を最も愛してくれるはずの人たちからけなされたり笑い者にされたりしてきたのだ。里親やソーシャルワーカーは、子どもの人生において思いやりのある前向きなロールモデルとなる機会があり、また多くの場合、実際にそうである。しかし、子どもは、里親養育を受けている間、他のどの大人よりも教員と長い時間を過ごすことになる。したがって、教員は、里親養育下の生徒に対し、できる限り勇気づけと励ましを与える存在になる必要がある。学業成績と行動の両面において、どんなに小さな前進や些細な進歩であっても、教員はそれに気づき、それを祝福すべきである。結局のところ、里親委託された子どもたちは、それまで勇気づけや励ましの言葉をかけられたことが一度もないかもしれず、自尊感情や自己肯定感の低さに苦しんでいるかもしれないのだ。どんなに小さなことであっても、生徒が達成したことを教員が褒めることは、その生徒の成長、さらには癒しまで、最も効果的に促進するかもしれない。

　里親養育下の子どもたちにとって、教員は唯一の話しやすい相手であるかもしれず、子どもたちは教員になら、自分の痛みや心の葛藤を打ち明けることができることがある。里親養育下の子どもたちの声に耳を傾ける用意のある教員には、困っている子どもの人生に大きな影響を与えられる機会があるのだ。同時に、管理職やカウンセラーが知っておくべき情

報を子どもが話した場合には、教員はすぐにその情報をこれらの学校職員に知らせる必要がある。

　教員とリスクのある生徒との間の前向きで強固な個人的信頼関係は、生徒が学業面でうまくやるためだけでなく、行動面でうまくやるためにも重要である。教員との前向きな関係は、里親養育下の生徒、特に新しい里親家庭への委託のために学校を転々としている生徒に、学校への帰属意識や学校とのつながりをもたらす。教員は、リスクのある生徒と信頼関係を築くために、研修と専門能力の開発を必要としている。このような研修を受けることで、教員は、里子と前向きな関係を築けるよう考案された多くの戦略を手に入れることができるのだ。教員は、生徒の情緒的な合図を読み取り、決めつけないでそれらに対応するなど、多くのやり方で、リスクのある生徒との前向きで友好的な関係の構築を試みることができる。教員は、情緒的な問題や暴発が起こらないように注意深く観察し、それらを想定して先手を打つ必要がある。

　里親養育下の子どもたちは、里親委託される前に受けた個人的トラウマのせいで、社会スキルを身につけることが困難な場合が多い。その結果、同級生との交流が難しくなり、さらなるトラウマを受けることを恐れて、社会的な関わりをもたない選択をすることもある（Kools 1999）。悲しいことに、里親養育下の生徒の多くは、学校に友人がいなかったり、同級生に対して反感を抱いていたりする。このような子どもたちは、教員に対しても同級生に対しても、怒りを爆発させることがよくある（Finkelstein et al. 2002）。教員は、このよう

な問題を抱えた生徒が適切な社会スキルを十分に身につけられるよう支援すると同時に、生徒がクラブや団体、音楽、スポーツ、その他の課外活動などに参加し、もっと学校と関わりをもつよう励ますことができる。

　教員が里親養育下の生徒を支援する方法として、擁護も挙げられる。実際、里親養育下の多くの子どもたちが、その人生の大半を通して、面倒を見てくれる大人が身近にいなかったことを、教員や他の学校関係者は思い出す必要がある。教員、スクールカウンセラー、管理職などの学校職員は、子どものニーズを擁護し、子どもがより良い生活を送るために闘う初めての大人になる可能性がある。学校職員には、他のどの大人よりも、このように里子の人生を前向きに変えることができる特別な機会があるのだ。

　これまで見てきたように、里親養育下の生徒たちは、成績証明書や学校記録がないために、転校してきたときに適切なクラスに入れてもらえないことがある。その結果、学校は里子たちをとりあえずどこかしらの教室に入れようとするので、これらの新入生が不適切なクラスに配置されてしまうことがある。ある中学校の教室から、一人の里親養育下の生徒の例を見てみよう。

　　ジェイク（Jake）は里親養育下の生徒で、転校してきた当初、私が教えていた中学校の文学の初級クラスに入れられました。彼がこのクラスに入れられたのは、彼は里子なので能力が低いだろうという学校側の思い込み

があったからです。しかし、この生徒は他のクラスメートよりもはるかに先まで進んでおり、実際、驚くほど優秀でした。ジェイクがこのクラスに配置された当初、彼は宿題や綴りの小テストでかなりの高得点を取り、他の生徒を大きく引き離していました。しかし、日々の学びの欠如から、彼はすぐに授業への興味を失ってしまいました。その結果、彼は授業に意欲を感じられず、問題行動を起こすようになったのです。

　これらのことはすべて、ジェイクが私のクラスに入ってきた最初の週に起きたことです。彼が転校してきて2週間目のある日、私は彼を脇に呼んで、あるテストを受けてほしいと言いました。このテストは、私が学年末に他の生徒たち全員に受けてもらっているテストで、彼が本当に私のクラスにいる必要があるのかどうかをよりよく測定することができるものでした。予想通り、ジェイクは信じられないほどの高得点を取りました。私は、ジェイクを教えている他の教員たちに彼の様子を聞いてみました。すると、あるパターンが見えてきました。ジェイクは、どのクラスでも意欲を感じられず、それを態度に表し始めていたのです。私は、ジェイクにテストを受けさせるよう、スクールカウンセラーを説得することができました。そして、ジェイクは初級クラスではなく、上級者のための「ギフテッド・クラス（gifted

classes）^{訳注22}」に入るべきだとわかったのです。現在、
ジェイクはオールＡで、授業が大好きで、規律面の問
題もまったくありません。私たちは、ぎりぎりのところ
で彼の人生を変えることができたと感じています。

ミシェル（Michelle）・Ａ、教員

この事例では、ジェイクを受け持った教員が彼の擁護者と
して行動した。ミシェルは、この里子が不適切なクラスに入
れられていることに気づくと、彼の教育的ニーズが満たされ
るようにすぐに行動し、彼のニーズを擁護したのだ。多くの
場合、里親委託された子どもたちは、彼らにとって難しすぎ
る高度なクラスに入れられ、学業面で大きく後れを取ってい
る彼らは苦戦を強いられる結果となる。また、里親養育下の
子どもたちの 30 ～ 40％は特別支援クラスに所属しており、
特別支援サービスの対象者の条件を満たしている（Christian
2003）。自分の能力を超えたクラスに入れられている生徒を
受け持つ教員たちもまた、ミシェルのように、生徒の擁護者
となり、生徒が適切なクラスに移れるように行動することが
できる。里子が適切なクラスにいるのかどうかを判断できる
のは、誰よりも教員であり、この点で里子の擁護者として行

訳注22　米国の公立学校で行われている英才教育において、特定の才能があると
　学区に認定された生徒たちのために設けられているクラス。

動することができるのだ。多くの里子にはカウンセリングが役立つが、ここでも教員は、教室で里子を観察し、里子が抱えている可能性のある情緒的困難をスクールカウンセラーや里親に知らせることによって、貢献することができる。

　第4章で述べたように、里親養育下の子どもたちは、所定の年齢に達して里親制度から「自立する」際に、多くの困難に直面する。悲劇的なことに、里親養育下の子どもたちの大半には、舞台に上がって高校の卒業証書を受け取る日は訪れない。また、短期間であっても実際に大学に通う人の数は、驚くほど少ない。教員は、教育の重要性を強調し、子どもが高校を卒業するよう励ます必要がある。そして、大学や専門学校への進学や軍への入隊を、その先にある重要な選択肢として示す必要がある。里親制度から「自立」した里子たちの多くは、大学に行く経済的余裕がないため、経済的支援が最も有効である。教育団体は、里子のための奨学金基金を設立し、進学を希望する里子のために大学進学資金を用意することができる。また、まもなく所定の年齢を迎えて里親制度から「自立」する子どもたちを支援している機関に学用品を寄付するのもよいだろう。このような学用品としては、ノートや鉛筆、ペン、電卓、通学用のカバンなどが挙げられる。大学に入学した人たちには、図書カードや商品券も非常に有益であり、教育関係者はこれらの品の多くを寄付することによって彼らを支援することができる。

　教員は、生徒の里親と担当ソーシャルワーカーの両者と、前向きで強固で健全な関係を築く必要がある。これまで見て

きたように、ソーシャルワーカーは教員と同様に非常に多忙
であり、学校と連絡を取る時間が取れないこともある。また、
何らかの理由で、「里子の学業成績や行動の状況を確認する
ために学校に連絡を取る」ということをしようとしない里親
もいる。したがって、この点に関する里親への連絡は、教員
の方から取ることになる。実際、教員や学校が生徒の里親や
養育者が誰であるかを知っておくことは不可欠だ。教員は、
ソーシャルワーカーと里親^{訳注 23} の両者に対し、学校を訪問
し、保護者会に出席し、学校行事やボランティア活動などの
学校活動に参加するよう勧めることができる。さらに、その
子どもに関わっているすべての大人に対し、子どもが参加す
るどんな会議にもすべて出席するよう呼びかけることもでき
る。そうすることで、子どもに自分の意見や視点は重要かつ
必要なのだと安心させることができる。教員は、子どもと関
わっているこれらの専門家たちに助言を求め、教育リソース
や教育支援の計画を立てる際に彼らを巻き込むことが重要で
ある。

　里子が授業に支障をきたすような振る舞いをしたり、教室
や学校環境でとるには不適切な行動を取ったりした場合はい
つでも、教員やカウンセラーや管理職は、可能な限り里親と
ソーシャルワーカーの両者に連絡すべきである。それが電話
であれ、電子メールであれ、テキストメッセージであれ、里

訳注 23　原書では「teachers」となっていたが文脈から「foster parents」と判断
　　した。

親とソーシャルワーカーには、子どもがどのような行動を取っているかを知らせる必要がある。そうすることで、教員や教育関係者は、里子の行動に対処する際、里親とソーシャルワーカーの両者から意見や助言を得ることができるのだ。里親やソーシャルワーカーは、行動変容に関して、その子どもに効果がある具体的な戦略を知っているかもしれない。同様に、教員は、教室や学校生活全般での子どもの行動について、良い知らせがあれば何であれ里親やソーシャルワーカーに伝えるとよいだろう。教員がそうすることによって、里親やソーシャルワーカーは、子どもの良い行動を褒めるだけでなく、それを継続するよう子どもを励ます機会も得ることができる。教員は、里親やソーシャルワーカーに、進捗状況報告書（progress reports）訳注24や成績状況を提供することもできる。それらを毎週更新したり、他のお知らせを添えたりするのもよいだろう。教員なら誰もが知っているように、養育者が子どもについてより多くの情報をもっていればいるほど、そして養育者や親の関与が深ければ深いほど、彼らは子どもと学校の両者に対してより積極的で協力的になる。

　学校が提供している多種多様な特別プログラムを、里親やソーシャルワーカーが知らないことがあまりにも多い。里子は、特別支援クラスや放課後の個人指導、補習プログラムなどから多大な恩恵を受ける可能性があり、これらはすべて学習面で苦戦している生徒を助けることを目的としている。教

訳注24　p.158の進捗状況報告書と同じものを指していると思われる。

員は、里親やソーシャルワーカーがこれらの特別支援サービスや支援プログラムを利用できるように手助けすることができる。これに加えて、教員や教育関係者は、特定のタイプの障害をもつ子どもを助けることを目的としている支援グループや支援機関を里親やソーシャルワーカーに紹介することができる。また、教員や学校職員は、問題を抱えた生徒の養育者に、有用なウェブサイトやその他の教育リソースを紹介する必要がある。

　教育や高い学歴がすべての子どもたちにとっていかに重要であるかを、誰よりも認識しているのは教員である。間違いなく、教員は、里親養育下の子どもの人生に多大な影響を与えることができる。多くの場合、教員は里親養育下の生徒に対し、前向きなロールモデルとなり、影響を与えることができる立場にある。また、教員は里親やソーシャルワーカーに対し、里子の教育的ニーズを満たすために必要な助けを提供することもできる。教員のいくらかの計画性と理解と指導が、里親養育下の子どもの命運を分けるのだ。

第 8 章

里親にできること

ケイレブ (Caleb) は7歳の男の子で、小学2年生です。ケイレブとお兄ちゃんは、極度のネグレクトが原因で里親委託されることになりました。この兄弟は、不潔で薬物だらけで、食べる物もほとんどない家で暮らしていました。二人は、近所の人に食べ残しをもらおうと通りをさまよっているところをよく目撃されていました。あるとき、母親が暴力的な恋人に首を刺されるのを目撃したお兄ちゃんが緊急通報し、その後家庭・子どもサービス課 (Department of Family and Children Services) が介入したのです。

　それから6か月後、ケイレブとお兄ちゃんは、3度の措置がうまくいかず、私たちの家にやってきました。最初の措置先は親族で、その後の二つの措置先は、「お兄ちゃんだけならいいが、ケイレブは極度の行動上の問題があるから無理だ」と言ったのです。

　私たち夫婦がケイレブと出会ったとき、とても活発で、衝動コントロールや感情調整力に欠けている子どもだと思いました。不安定な過去のせいで、おやつの時間におやつを食べたり、一日三食バランス良く食べたり、夜は眠ったりといった、日常生活習慣に慣れるのも大変でした。

　生活が安定を欠き、いつまた移動になるかもわからないことから、ケイレブの学校生活は大変なものになりました。担任の先生は、ケイレブは席についていられない、簡単な2段階指示に従えない、廊下を静かに歩けない、

とよく言っていました。学校の授業では、教員が1対1で対応しなければ課題を終わらせることができませんでした。そしてその成果物は、急ごしらえの雑で不正確なものでした。幼稚園や小学校1年生で学んだ基本的なスキルが身についていませんでした。勉強が遅れていただけでなく、認知面でも遅れが見られました。

　また、同級生との関係でも苦戦していました。ケイレブは不器用で、他人とどう接すればいいのかわからなかったのです。周りにちょっかいを出さずにはいられませんでした。クラスメートと話すときも、言葉がきつかったり、不適切だったりすることがよくありました。授業中、注目されたい一心で見せていた予測不能の感情爆発や身振りのせいで、ケイレブは「クラスのピエロ」というあだ名をつけられていました。他のクラスメートが休み時間を楽しみにしているのに、ケイレブは室内に残り、やっていない課題を終わらせなければなりませんでした。外に出られる日は、よく建物にもたれて泣いていました。誰も彼の友人になりたがらなかったからです。

　ケイレブの学校での行動や集中力に影を落としていたもう一つの障害は、「フラッシュバック」、つまり自分でも気づかないうちに昔の出来事に対する反応をしてしまうことでした。日常の何気ないことがきっかけで、過去の記憶がよみがえり、ボーッとしてしまったり、本能的に反応してしまったりするのです。時には、大きな音や突然の物音に過敏に反応し、泣き出したり、隠れたりす

ることもありました。あるいは、次の食事にありつけな
いかもしれないという不安から、床やゴミ箱のなかの食
べ物を食べてしまうこともありました。

　こうしたさまざまな要因が重なり、学校はケイレブに
とって最もストレスの多い場所の一つとなりましたが、
私たち里親、担任の先生、スクールカウンセラー、そし
て校長先生とのオープンなコミュニケーションによって、
私たちは前進することができました。大変な日もありま
したが、立ち止まって一歩下がり、ケイレブがたった1
〜2か月で、あるいは1学期でどれほど進歩したかを
考えると、皆の苦労が報われる思いでした。私たち夫婦
は、ケイレブが学校でうまくやるのを助けるためには、
たくさんの愛情と一貫性、そしてすべての関係者が新し
いアプローチや戦略を試そうとする意欲をもつことが必
要だと学びました。里親として、私たちは「成功」の定
義についてじっくりと考えなければなりませんでした。
ケイレブにとって、それは学校生活をより楽しい経験に
すること、そしてその経験から得た知識を保持し、クラ
スの一員として貢献するために、必要なスキルを身につ
けることでした。

　　　　マーサ（Martha）とウィリアム（William）、里親歴4年

里親業は大変な仕事だ。大人がする仕事のなかで一番大変

かもしれない。里親はしばしば、自分が心身ともに疲れ果てて消耗していることに気づくだろう。里親を支援するための資金はほとんどなく、里子のために支払ったお金は必ずしも補填されるとは限らない。この仕事をすると、里親は、1日24時間、週7日、休みなしで働くことになる。里親は時に、過重労働なのに過小評価されていると感じるだろう。研修を受けたこれらの養育者たちは、困難で有害な環境で育った可能性の高い子どもたちと関わることになる。なかには、健康上の問題を抱えている子どもや、行動上の問題を抱えている子ども、学習障害で苦労している子どももいる。多くの場合、里親が関わる子どもたちは、里親の忍耐力を試すことになる。そして、頭痛やフラストレーション、失望、心痛を残すことになるだろう。多くの人が里親でないのには理由がある。里親になることはあまりにも難しいからだ。

　しかし里親は、支援が必要な子どもたちの人生にとてつもなく大きな変化をもたらしているのだ。時には疲れを感じたり、自分は何の影響も与えていないと感じることもあるかもしれない。しかし、里親は一人の子どもの人生を変えている。実際、これらの支援が必要な子どもたちのことを誰よりもよく知っているのは里親かもしれない。夜孤独で泣いている子どもの涙を拭き、さまざまな医療ニーズで病院に連れて行き、疎かになっていた大切な生活スキルや社会スキルを教えてあげ、里子として直面する課題や困難と格闘する子どもたちを見守ってきたのだ。

　里親養育下の子どもが学校でうまくやるためには、里親が

その子どもの擁護者として先頭に立って道を切り開き、その子どものあらゆる可能性のために闘わなければならない。実際、里子にとって、自分のために闘ってくれる人は他に誰もいない可能性があるのだ。というのも、ソーシャルワーカーは押しつぶされそうなほどの膨大な仕事を抱えているし、教員も忙しくて積極的に情報を得るための行動を取れなかったり、その子どものニーズを満たすために必要な当人の情報をもっていなかったりするからだ。そのため、子どもの学校生活に関して先手を打てるかどうかは、里親にかかっている。

　しかし、第5章で述べたように、多くの里親養育下の子どもたちの場合、里親は子どもの学校生活にあまり関与していない。残念なことに、このことによって、子どもは損害や不利益を被ることになる。そうではなく、里親は学校とできるだけたくさん関わる必要がある。里親が学校に姿を見せれば見せるほど、教員は里親の話を聞くことになるし、学校が生徒に提供している課外活動に里親が関われば関わるほど、里子が学校やその後の人生でうまくやれる可能性は高くなるのだ。

　まず第一に、里親は子どもを委託されてすぐに、その子どもが新しい学校に転入し、きちんと通っているかどうかを確認する必要がある。というのも、前にも述べたように、里親養育下の子どもの場合、そうなっていないことがあるからだ。その学年が始まって以降、実親に一度も学校に入れてもらっていないのかもしれないし、学区を転々としてきたのかもしれない。あるいは、非常に長い間学校を休んでいて、たまに

しか学校に行っていなかったのかもしれない。いずれにせよ、里親は、里子が学校に転入していることを確認する必要がある。しかし、里親は自ら動く前に、この件について里子の担当ソーシャルワーカーと連携する必要がある。なぜなら、担当ソーシャルワーカーも同じ方向で動いている可能性があり、子どもを学校に転入させるための計画があるかもしれないからだ。その一方で、担当ソーシャルワーカーがそのとき他の責任や仕事をたくさん抱えていて、すぐにはその子どもの転校のことにまで気が回らない可能性もある。しかし、これまでの章で見てきたように、里子は学校を休めば休むほど後れを取ることになるのだ。

　里親養育下の生徒が新しい里親家庭に委託された際に成績証明書や学校記録をもっていないようであれば、里親は担当ソーシャルワーカーに連絡して、これらの重要な学校書類について尋ねるべきである。もし、実際そのときに、担当ソーシャルワーカーが忙しくて対応できない場合、里親は成績証明書や学校記録について前の学校と連絡を取るための措置を講じるべきだ。例えば、もしそれが必要かつ可能なら、里親は里子が前に通っていた学校まで直接行って、この生徒の学校書類を要求することもできるかもしれない。里親がこれを行う場合、身分証明書および里子の保護権者であることを証明する書類を持参することが必須である。そのような証明書類には、里親と担当ソーシャルワーカーの両者が署名した書類も含まれるかもしれない。学校は、この保護権を証明する書類がなければ成績証明書や学校記録を開示しないだろう。

その結果、その子どもは新しい学校に転入できない可能性があり、欠席日数が多くなりすぎれば「脱落者」に分類されてしまう可能性すらある。

　第5章で示した通り、教員は、里親養育を受けている生徒を最適な形で支援することができないことが多い。これは単純に、教員がその子どもに関する情報を十分にもっていないか、まったくもっていないためである。私たちはまた、里子特有のニーズや困難に対応するためには、教員がこの情報をもっている必要があるということも知っている。この点に関して、里親は、許される限りの情報を学校教育関係者と共有することで、教員を助けることができる。里親養育下の生徒に関する個人情報を教育関係者と共有することに関して、一定のプライバシーに関する法律や規制が設けられているかもしれないが、アメリカ連邦議会は、児童福祉機関との教育記録の共有において何が許されるかを明確にするために、「家族教育の権利とプライバシーに関する法律（Family Educational Rights and Privacy Laws、FERPA）」を修正した「切れ目のない就学支援法（Uninterrupted Scholars Act）」を通過させている。この法律によって、学校は、実親の事前の書面による同意なしに、子どもの教育記録を児童福祉機関に開示できるようになる。「切れ目のない就学支援法」は、里親養育下の生徒のウェルビーイングを向上させ、里親家庭でのパーマネンシーを高めることを目的としている。この法律は、里親が里子の学校記録や成績証明書を入手しようとする際に、最も有用となるだろう。

　里親は、成績証明書や学校記録を入手した後、それらを里子の新しい学校に届けることで、関係者の大きな助けとなるだろう。さらに、里親は、生徒の転入の際に教員やスクールカウンセラーとの面談を申し入れることで、子どもと学校教育関係者の両者の力になることができる。この面談で里親は、子どもとその生い立ち、子どもが抱えている可能性のある行動上の問題や学習障害に関して、可能で許される限りの個人情報を学校教育関係者と共有することができる。その子どもに効果を発揮する可能性のある行動変容の方法を里親が知っている場合、それも共有することができる。このような情報は、教育関係者がその子どもを理解し、その子どもと好ましい関係を築き、その子どもが学校でうまくやるのを助けるために、大いに役立つだろう。

　また、里親が学校職員に働きかけて前向きで健全な関係を築くことは、里子を助けることにもなる。里親は、スクールカウンセラーや教員や管理職に対し、必要なときには自分に連絡できることを知らせ、電話番号やメールアドレスなどの連絡先を教えるとよいだろう。同様に、里親は里子を受け持つ教員たちの連絡先を入手しておく必要がある。里親は、里子を受け持つ教員たちと定期的に連絡を取れるよう努めてほしい。メールで定期的に近況報告してくれるよう教員や学校職員に頼むのも一つの方法だ。実際、里親は、できるだけ多くのコミュニケーション手段を利用した方がよい。テキストメッセージ、電子メール、携帯電話、フェイスブック（Facebook）やツイッター（Twitter）といったソーシャルメディア

プラットフォームなど、教員や学校職員と連絡を取る方法は数多くある。里親は、教員がどれを好んでいるかを調べ、それを使って里子の教育関係者と連絡を取ることができる。そうするために、これらのコミュニケーション形式の使い方を覚える必要があるかもしれない。誰かに相談したり、個人レッスンを受けたりして、これらの21世紀の多様なコミュニケーション手段の使い方を研究してほしい。結局のところ、ほとんどの教員は忙しいので、手紙や固定電話は、里子を受け持つ教員やスクールカウンセラーと連絡を取り合うための最良の手段ではないかもしれないのだ。

　これに加えて、里親は教員に頼んで[訳注25]、週ごとの進捗状況報告書（progress reports）を作成してもらうことができる。この報告書のなかで、教員は、その子どもがその週にとった点数、未提出の課題、次週に予定されているテストやプロジェクトや宿題、さらにその週に起きた行動上の問題などを記録する。この週ごとの報告書には、その週に見られたその生徒の学業面や行動面の良かったところも含めることができる。そうすることで、教員と里親の両者が里子を褒める機会が生まれ、そのまま継続するよう里子を励まし、自分が達成したことに誇りをもたせ、自分の努力が認められ評価されていることを里子に知らせることができる。里親養育下の多くの子どもたちにとって、励ましや賞賛の言葉は、里親委託さ

訳注25　原書では「teachers can ask the school counselor」となっていたが文脈
　　　から「foster parents can ask teachers」と判断した。

れるまではほとんど耳にしたことがなかったものであり、彼らの癒しに大いに役立つものなのだ。

　里親は、里子の学校に定期的な行動報告を求める必要があるだけではない。責任ある里親なら、自分も学校にそのような情報を提供するだろう。里子が里親家庭で特に困難なときを過ごしている場合には、里親は教員やカウンセラーにそのことを知らせるべきだ。そうすれば、教員やカウンセラーは自分たちに突きつけられる可能性のある難題に備えて、より良い準備と体制を整えることができるからだ。第 1 章で見てきたように、実親や実家族との面会交流が里子にとって苦痛となることがあり、面会交流が近づくにつれ、そして面会交流後も、里子にさらなる情緒不安や心配を引き起こすことがある。このような不安は、教室にまで波及する可能性がある。というのも、里子は自分のなかに渦巻く感情になんとかして対処しようと必死になるからだ。その結果、里子は自分の感情や里子という立場にただ耐えようとし、学校の勉強や行動に集中することが難しくなる可能性がある。

　里子が本当に面会交流のことで悩んでいる場合や、面会交流に対する不安が強い場合には、里親は面会交流があることを事前に教員に知らせることで、里子を助けることができる。学校用のスケジュール帳に挟んだメモ、メール、テキストメッセージ、電話など、里親が教員やスクールカウンセラーに知らせる手段はいろいろある。これに加えて、里親は里子の担当ソーシャルワーカーに対し、これ以上里子が学校を休んでますます後れを取ってしまわないように、面会や診察の

予約を放課後や週末にしてくれるよう提案することもできる。この提案は担当ソーシャルワーカーに必ずしも受け入れられるとは限らないが、それでも里親がこの要求をすることは重要だ。あっさりと受け入れられることもあるからだ。

　ゲイリー（Gary）は里親養育下の9歳の男の子で、実の両親からの虐待とネグレクトが原因で里親家庭に委託された。実の両親は最終的に、自宅から違法薬物を製造・流通させたとして逮捕された。ゲイリーが里親家庭に委託されてから最初の6か月の間に、この子どもの実の両親は別居し、両者とも法廷で自分の罪に向き合うときを待っていた。実母は短期間の滞在を繰り返しながら友人宅を転々としており、実父は自分の両親と同居していた。ゲイリーは、1学年後れて2年生を繰り返していた。というのも、ひどく欠席がちで、大きな後れを取っていたからだ。ゲイリーの新しい里親夫婦は、里子の学校に非常に熱心に関わり、問題を抱えたこの子どもの読み書きの力を高めるために多くの時間を割いていた。

　里親夫婦は、郡の児童福祉システムの地方事務所で実母と面会交流する日の朝になると、ゲイリーがきまって緊張して不安になることに気づいた。この少年は、実母に会うことについて神経をとがらせていたからだ。さらに、ゲイリーはその日「学校の勉強に集中していない」という担任教員からの報告を学校から持ち帰った。これに加えて、このところクラスでも問題行動を起こし、彼が「悪態をついた」ことを知らせる教員からのメモが入っていた。さらに物事を複雑にしていたのは、ゲイリーが毎週、面会交流から里親宅に戻ると、

非常に動揺していて、宿題や綴りや読書に集中することがとても難しい状態になっていたことだ。やがてゲイリーの里親夫婦は、そのような日の晩には宿題がほとんど、あるいはまったくできないこと、そしてその日学校では、子どもは不安でいっぱいになり多くの困難を経験することに気づいた。ゲイリーの里親夫婦は、すべての関係者のためにこの状況を改善し、担任教員も自分たちも楽になれるよう、2年生の担任教員に面談を申し入れた。

　ゲイリーの担任教員と面会した里親夫婦は、毎週ゲイリーが実母と面会交流する前後に自分たちが観察していたことを伝え、それに関連する子どもの行動上の問題の背景にある原因を明らかにした。このとき里親夫婦は、里子の担任教員に、面会交流が行われる夜に宿題を出すのをもっと甘くして、課題を達成するための時間を増やしてもらえないかと頼んだ。実母の住宅事情が安定していなかったため、面会交流は不定期で、担当ソーシャルワーカーからは前日になるまで里親夫婦に連絡が入らないこともしばしばだった。そのため、ゲイリーの里親夫婦は、面会交流が行われる際には子どもの通学カバンに短いメモを入れるなり、メールするなりして、その旨教員に知らせると伝えた。

　里親委託される子どもたちの多くは、学校に関心がなく、教育もそれほど重視されていない環境や家庭で育ってきているはずだ。里親は、毎日放課後が大変な時間になることを覚悟し、そのために思いやりをもつ必要がある。里子は、宿題をすることに慣れていないかもしれないし、宿題に集中する

ことが難しいかもしれない。あるいは、学習障害に苦しんでいるかもしれないし、単に放課後に勉強に時間を費やすことに抵抗があるかもしれない。実際、学校の勉強や学習面で遅れているせいで、挫折感を味わっているかもしれない。宿題に関して、里子と里親の間でうまくやる鍵の一つは、その子どもに合った合理的で現実的な期待を設定することだ。里親は子どもの学習能力や知識のレベルを見極め、そのレベルに合わせて子どもと一緒に取り組む必要がある。担任教員に相談し、里子がどのような能力をもっているのか、そして何らかの手助けをする必要があるかどうか教えてもらおう。これは、より高いレベルで成功するように里子を鼓舞すべきではない、という意味ではない。実際、里親は、里子に目標と期待を設定するよう励ますべきである。なぜなら、里親は里子にとって、学校生活に関して自信と励ましを与えてくれた唯一の大人かもしれないからだ。とはいえ、里親は里子をその子の能力以上に追い詰めてはいけない。そんなことをすれば、すべての関係者がさらに苛立つことになるだけだからだ。その代わり、里子にとっての成功とはどういうことなのかを本人と話し合い、自分で目標を設定できるように助けてあげてほしい。どんな小さな成功体験でも、すべて祝ってあげよう。

　里子は、ただ自分の家に帰りたいという思いばかりが募り、里子という立場に置かれたせいで多くのことに気が散ってしまって、宿題になかなか集中できないだろう。里親は、里子が宿題に取り組みやすいよう、可能であれば静かな場所を用意してあげてほしい。テレビやビデオゲームなど、集中を妨

げる可能性のあるメディアからは離れた場所でなければならない。年齢の高い里子には、机や教材、さらには今後のプロジェクトや課題の期限のリストを貼った掲示板を備えた「オフィス」を設置することを検討してもよいかもしれない。このオフィスは、キッチンやリビングルーム、あるいは本人の寝室の一角に置くとよいだろう。里親は、この時間帯には電話も鳴らないようにするとよいかもしれない。子どもが毎日宿題をする時間を決めて、学校から帰ってきたら何をしなければならないかが本人にわかるようにしてほしい。もし、家にいる大人が作業をしたり本を読んだりする場合は、この時間帯に里子に見えるように行うとよいだろう。そうすれば宿題や読書が普通の生活の一部であることが里子にわかるため、その子どもにとって適切な雰囲気を作ることになる。

　里子が宿題を始める時間になったら、里親は里子が取り組むべきことを一緒に確認してほしい。里子と一緒に課題を確認し、何をする必要があるのか、指示は明確か、そして何が期待されているのかを、里子が理解しているか確かめよう。何か質問はないか尋ね、必要であれば手助けをしよう。里親養育下の子どもの多くは、読む力や算数・数学の能力に問題があるため、テスト勉強や音読といった学校の課題で里親の助けが必要になることがある。複数の教科の課題が出されている場合は、やるべきことを整理し、優先順位をつけられるように手助けしてほしい。宿題がない日は、好きな本を読むよう促そう。里子に音読してもらってもいいし、本人が一人で読むのでもかまわない。里親養育下の子どもたちは（これ

はすべての子どもたちにいえることだが）、本はいくら読んでも十分ということはない。また、多くの里子たちは、大人や親に音読を聞いてもらった経験がない。里子が幼い場合には、里親は里子に本を読み聞かせることもできる。できるだけ毎日そうしてほしい。里子たちの多くは読書能力に遅れがあるからだ。

　また、里子が短期目標や長期目標を設定できるよう手助けしてほしい。目標を達成したらご褒美がもらえる仕組みを作ってもよいだろう。年齢の低い里子には、曜日を記したカラフルな表やポスターを作り、そこに科目ごとに毎日の宿題を書き込むとよいだろう。里子が宿題を一つ終えたら、里親はその表にシールを貼り、進捗状況を確認することができる。年齢の高い里子には、宿題を終えたり目標を達成したりしたご褒美として、週末の就寝時間や門限を遅くしてあげたり、テレビの時間を増やしてあげるなど、本人が喜びそうなインセンティブを与えるのもよいだろう。また、終わらせないといけない宿題がたくさんある晩には、休憩時間を設けることも賢明かもしれない。里子がすべての宿題やプロジェクトを終えたら、それらを別々の提出用ファイルにしまう方法を教え、朝にはやり終えたすべての課題を提出するように再度声をかけよう。

　学習障害や学習面の困難を抱える里親養育下の生徒たちのために、さまざまな教育リソースが用意されている。公立図書館や学校の図書館にある本や資料から、インターネット上の数多くのウェブサイトや資料、さらには里子が通う学校の

教員や教育関係者が提供できるものまで、各種の学習障害に対応した歌やゲーム、勉強のヒント、製品、行動のマネジメントのヒントなどがある。自分の里子がどんなユニークな学習面の困難に直面しているのかがわかったら、里親は適切な学術リソースや教育リソースを探して見つけ出さなければならない。

　適切で健全な社会スキルを身につけさせることや、それを使うことも、里親が里子を支援できる方法の一つだ。社会スキルが、学校や里親家庭でだけでなく、将来、特に里親制度から「自立」する里子たちにとって、必要となる重要なスキルであることは間違いない。社会スキルは、彼らが仕事や住む場所、あるいは何らかの援助を求めるときに役立つ。また、前向きな社会スキルは、里子たちが困難な時期に耐えたり、同級生や最も愛してくれるはずの人たちから拒絶された場合にそれを乗り越えたりする助けにもなる。社会的交流が多い方がいい子どももいれば、少ない方がいい子どももいるが、里親養育下のすべての子どもたちは、この重要なスキルを身につけるために、里親の助けと導きを必要としている。

　里子の社会スキルに関して、里親が手助けできることはたくさんある。まず里親は、自分自身がロールモデルであり、里子は、里親が他人とどのように接しているかを観察することから最も多くを学ぶということを覚えておくことが重要である。里親は里子に「こうしなさい」と言う代わりに、里子に社会スキルを教え、日々の仕事や生活を通して自ら模範を示す必要がある。里子は里親の言うことや、やることを黙っ

て見ており、里親は多くの場合、里子が人生で出会った最良の模範であることを忘れてはならない。

　学業成績や学校での行動と同様に、里親は社会スキルの面でも里子に現実的な期待を設ける必要がある。里親養育下の子どもの多くが、こうした基本的な社会スキルを教えてもらえない家庭で育ったことを念頭に置き、里親は里子がこうしたスキルを身につけるのを辛抱強く手助けする必要がある。実際、かなりの時間がかかるかもしれないし、時には子どもがこれらのスキルを身につけるのは無理だと思えるかもしれない。しかし、子どもが学校生活やその後の人生で社会的により良く適応するためには、里親の忍耐と理解が極めて重要なのだ。

　また、里親は里子に、「お願いします」や「ありがとうございます」といった言葉を皆に対して使い、いつでも礼儀正しく振る舞うことの大切さを教えるべきだ。このような言葉は、以前の家庭環境ではめったに耳にしなかった言葉かもしれない。里子は、否定的な言葉や侮辱や暴言が当たり前の家庭で育ったため、他者に対して肯定的な言葉だけを使うことの大切さがわからないかもしれない。里親は、「良いことを言えないなら、何も言うな」という不朽の格言を子どもに教える必要があるかもしれない。他者を尊重し、敬意を表することの大切さを示そう。人と話すときには、教員や同級生と話すときも含め、相手の目を見て話すように教えよう。また、会話に注意を払い、上の空にならないようにする方法を学ばせよう。これに加えて、適切な会話の始め方と終わらせ方を

知ることや、会話を独占しないこと、他の人が話していると
きに割り込まないことの大切さも教えよう。

　パーソナルスペースの重要性を認識し、それを侵害しない
ようにすることも、里子に欠けている可能性のあるスキルだ。
また、自分の感情をコントロールする方法や、怒りや不満を
感じたとき、あるいは挑発されたときに10まで数えるとい
う簡単な方法も、教える必要があるかもしれない。他者に対
して辛抱強く接することの大切さも教えてあげた方がいいか
もしれない。これもまた、以前の家庭では経験したことのな
い態度かもしれないからだ。また、自分の感情を内に溜め込
んで、それを否定的で有害な形で放出させるのではなく、他
者に向かって感情を表現するよう促してほしい。最後に、里
子に問題解決のスキルを身につけさせ、困難な状況に健全か
つ前向きなやり方で効果的に立ち向かうことができるよう支
援してほしい。

　また里親は、学校の課外活動に参加するよう里子を促すこ
とで、里子が社会スキルを身につけるのを助けることができ
る。多くの学校には課外活動団体があり、さまざまな学校ス
ポーツや音楽、クラブなどの活動が行われている。同様に、
地域のスポーツチームや団体も、参加して社会スキルを身に
つける機会を里子に与えてくれるだけでなく、新しい技能を
身につけたり、才能を伸ばしたり、運動したりする機会も与
えてくれる。繰り返しになるが、これらの社会スキルの多く
は、里子が以前に暮らしていた家庭では教えてもらえず、そ
の価値も評価されていなかった可能性が高く、身につけるに

は時間がかかることを覚えておくことが重要だ。学校活動への
ボランティア参加も、里親が里子の学校生活を支援しようとする
際に使える方法の一つである。学校ボランティアは、広範に行う
必要はない。多くの学校では、長時間でも短時間でも、好きなだ
けの時間を学校ボランティアに割くことができる。一般に、親が
学校ボランティアをしている子どもは、成績が良く、試験で高得
点を取り、社会スキルが高く、行動面でも優れているという研究
結果が出ている（Lewis, Kim, and Bey 2011）。

第4章で詳述したように、里親制度から「自立」する10代の若
者には、多くの危険と落とし穴が待ち受けている。多くの里子は
高校を卒業しないため、経済的に自立できるような仕事に就くこ
とは困難である。それに加えて、多くの里子は単に、安定した仕
事を得るために必要なスキルがなかったり、訓練を受けていな
かったり、道具をもっていなかったりする。また、里親制度から
「自立」する里子たちは、薬物や犯罪に手を染めることが多く、そ
の結果、実刑判決を受けることも多い。実際、米国ではずっと、
刑務所に収容されている人のうち、里親養育を受けたことのある
人の割合は70%をはるかに超えている[訳注26]。ほとんどの場合、里
親制度から「自立」する里子を待ち受けているのは、厳しい未来だとい

訳注26　本箇所の典拠はp.85で示されている "Select Committee Hearing of the
　　California Legislature 2006" だと思われるが、ここで示されているのはカリ
　　フォルニア州での数値であり、『米国で』『ずっと』そのような状況であるとい
　　う内容についての典拠は示されていない。

うことは間違いない。この制度は、里子が成功するため、あるいは社会に積極的に貢献するために、切実に必要としているリソースや訓練や支援を提供してこなかったのかもしれない。里親養育下の生徒の多くは、こうした厳しい現実を知らないか、自分がこうした不穏な統計値の一つになる危険性がどれほどあるのかを理解していない。

　里親は、里子を委託されている間、まずはいくつかの課題に注意を払うことによって、こうした問題の多くを未然に防ぐことができる。里子の準備ができたらすぐに、簡単な金銭管理のスキルを身につけさせることによって、個人の金銭的責任の基礎を里子に教え始めるべきだろう。里子個人の銀行口座を開設させて自分で管理させ、予算のバランスを取る方法を教えることは里子の助けになるだろう。また、里子に料理を習うことを許可してほしい。掃除の仕方を教え、家事や一般的な応急処置を教えてほしい。就職や大学の願書を書く練習をしてほしい。そしておそらく最も重要なことは、里親が教育の大切さを強調し、高校を卒業するよう里子を励ますことだ。

　里親制度から「自立」した人たちと共に、最も大きな影響を与えることができる方法は、おそらく変革を訴えることだろう。電子メールや手紙、電話などの手段を用いて、議員や政治家や広報代理業者に連絡することで、里親制度から「自立」した後に次々と困難に直面する若者たちのニーズに注意を向けることができる。これと並行して、このような変革の擁護者は、新聞や雑誌の投書欄、ウェブサイト、パブリック

フォーラムなどで情報を発信することもできる。変革のための
のロビー活動を行うことで、新しい法律が導入され、一般の
人々にも情報が行き渡るようになるのである。

　実際、里親養育下の生徒が学校でうまくやれるように、里
親はさまざまなやり方で支援することができる。これまで見
てきたように、里親のサポートがなければ、里親養育下の子
どもたちは学業と行動の両面で苦戦する可能性が高く、脱落
する可能性さえある。このような子どもたちが、学業と行動
の両面で単にうまくやるだけでなく、優れた成果を挙げるた
めには、里親の参加と投資と関与が必要なのだ。

第 9 章

ソーシャルワーカーにできること

里親養育下の子どもたちの人生には、一貫性と安定性という、非常に重要な二つの特性が欠けている。これらの子どもたちは、実親のもとから次々と異なる里親宅に移動し、学校も転々とするため、一貫して支援し面倒を見てくれる大人がいないことがトラウマになっている。実際、里子は生活が安定していないために、他者との健全なアタッチメントを築くことができず、前向きな社会スキルを身につけることができず、他者を信頼することができないことがあるのだ。これに加えて、本書で見てきたように、里親養育下の生徒は頻繁に転校を繰り返すため、学業面で後れを取る可能性が高い。このような里親養育下の子どもたちにとって、ソーシャルワーカーは、彼らの人生のなかで唯一安定性と一貫性のある人物かもしれない。実際、ソーシャルワーカーは、子どもが委託先を転々とするなかで、その教育ニーズがすべて満たされるように配慮できる唯一の大人かもしれないのだ。

　その目的を果たすためにも、ソーシャルワーカーは日頃から里子の教育に関与し、これをその子どもに関する最重要事項の一つとしなければならない。もちろん、子どもの保護と安全が最優先だ。しかし、子どもの教育は、その子どもの将来の人生の成功の大きな鍵を握っている。場合によっては、担当ソーシャルワーカーは子どもの教育責任を里親やその子どもに割り当てられた裁判所任命の特別支援者（CASA）^{訳注27}

に委任することもある。しかし、里子の教育の最終責任は担当ソーシャルワーカーにあり、担当ソーシャルワーカーの役割は教育ニーズを含む里子のすべてのニーズが満たされるように配慮することなのだ。

ソーシャルワーカーが教育面で里子を助ける最善の方法は、可能な限り同じ学区内の家庭への委託を試みることだろう。もし里親と同じ学区に住んでいる里親がその子どもを自分の家に迎え入れることが可能な場合、ソーシャルワーカーはこれが実現するよう努力すべきだ。これは毎回実現できるものではないかもしれないが、実現できる可能性があるのであれば、是非試みてほしい。結局のところ、これまで見てきたように、里親委託のために子どもが別の学校に移されるたびに、いろいろな面で子どものトラウマが増大するだけなのだ。このような移行期に、同じ学校に留まることができれば、これらのトラウマのいくつかを軽減することができる。見慣れた顔、一貫した教員や友人やクラスメート、そして同じクラスが、実家族から引き離されて里親家庭に委託されたことに関連するトラウマを軽減するのに役立つ可能性があるのだ。それに、転校に伴って何日も欠席を余儀なくされることもなくなるだろう。

しかしソーシャルワーカーは、子どもを元の学区内にある里親家庭に委託するという選択肢（あるいは能力）をもっていないことが多い。子どもを新しい学校に転入させる場合、ソーシャルワーカーは子どもが新しい里親家庭に委託されてから3日以内に転入できるよう努力する必要がある。そうす

ることで、里親委託された子どもたちがしばしば悩まされる
出席率の問題、ひいてはそれに起因する学業面の遅れを防ぐ
ことができる。本書で詳しく見てきたように、里親養育下の
子どもたちは、新しい学校に転入する際に前の学校からの成
績証明書や学校記録がないことがよくある。ソーシャルワー
カーは、できるだけ早く子どもの前の学校からこれらの書類
を取り寄せ、新しい学校に提供する必要がある。さらに、
ソーシャルワーカーは、自分用にその子ども専用のファイル
を用意し、すべての成績および学校生活に関する情報の最新
記録を入れておくとよいだろう。例えば、通知表、進捗状況
報告書、行動報告書といった、その子どもの学校生活に関連
する情報だ。このように、その子どもに関する教育資料を収
集し、子ども専用のケースファイルに整理しておくとよい。
これは、その子どもの将来計画を立てるのに役立ち、また子
どもが別の学校や別の里親家庭、さらには別のソーシャル
ワーカーの担当下に移る場合に、情報源となるものである。

　このような情報をもって、ソーシャルワーカーはスクール
カウンセラーとの面会を求め、里親養育下のその生徒に関す
るあらゆる懸念を伝えるべきである。さらに、ソーシャル
ワーカーは、その生徒の授業スケジュールやクラスへの配置
を決定するプロセスに、自分もスクールカウンセラーと共に
参加させてもらえるよう求めることもできる。また、ソー
シャルワーカーは、スクールサイコロジストとも協働関係を
作る必要がある。これは、子どもの成功を最大化し、早期に
問題を特定するためである。このような協働関係は、子ども

が学業と行動の両面でうまくやるために最も重要な関係の一つになりうる。ソーシャルワーカーは、子どもとそのニーズについて他の誰よりもよく知っている可能性が高いので、子どもが適切なクラスに配置されるために、そして子どもが学校で進歩できるようにするためにも、極めて貴重な存在となる。

　里子の担当ソーシャルワーカーは、どのクラスやコースが最もその生徒のニーズに合うかを学校職員が一緒に計画する際に、自分もそこに参加できるよう要請した方がよい。実際、里親養育下の生徒の担当ソーシャルワーカーは、その生徒の学習計画のみならず、あらゆる教育上の意思決定に深く関与すべきである。これはとりわけ重要なことで、学校関係者はその子どものニーズを満たすために必要な情報をもっておらず、結果として不適切なクラスやコースにその子どもを配置してしまう可能性があるからだ。担当ソーシャルワーカーは、その生徒にとって有益だと思われる適切な学習プログラムが生徒に提供されていることを確認する必要がある。その子どもが特別なプログラムのためのテストを受ける必要がある場合、担当ソーシャルワーカーはこれを擁護する必要がある。その生徒に有益なあらゆるプログラムやサービスを完全に把握するために、ソーシャルワーカーは、里子たちが連邦法および州法の下で受けることができる教育サービスについて最新の情報に精通している必要があり、その子どもにそれらがきちんと提供されているか確認する必要がある。これらの教育サービスが提供されていない場合、担当ソーシャルワー

カーは、その子どもの弁護士に通知しなければならない。

　さらに、ソーシャルワーカーは、個別教育計画も含め、その子どもに関わるどのような計画会議にも出席させてもらえるよう試みるべきである。このような会議や計画立案の際には、ソーシャルワーカーは積極的に発言し、自分の声、ひいてはその生徒の声を聞いてもらうようにしなければならない。第5章で述べたように、教員や学校職員は、里親養育下の子どもが直面する特有の困難について研修を受けていない。さらに学校は、里親養育下の生徒を最適な形で支援するために必要なリソースももっていないことが多い。ソーシャルワーカーは、研修用の書籍やマニュアルなど、このような困難に関する理解を深めてくれるようなリソースを提供することができる。学校職員が里子特有のニーズをよりよく理解しているほど、その子どもが苦戦しているときに柔軟に支援してくれる可能性が高くなる。

　教員や学校職員は忙しいので、万が一問題が発生した場合も、里親と担当ソーシャルワーカーの両者に連絡を取ることができない可能性があることは、第5章で述べた通りである。ソーシャルワーカーが通知を受ける必要があるのに、通知してもらえない場合もあるかもしれない。学校の課題を提出しない、成績が悪い、出席率が低い、行動に問題があるといったことは、どれもソーシャルワーカーが通知を受ける必要のある事柄だ。ソーシャルワーカーと学校職員の間の定期的で継続的な連絡は不可欠である。ソーシャルワーカーは、学校からの（遅すぎる、あるいはまったく来ないかもしれない）連絡

を待つのではなく、自ら動く必要がある。ソーシャルワーカーは、電話、電子メール、テキストメッセージ、その他のオンラインの手段で、かつてないほど里子の担任教員と連絡を取り合うことができるようになった。ソーシャルワーカーは、学校職員に情報や最近の成績、行動状況を要求することができるだけでなく、自分がもっている情報をお返しに提供することによって、学校職員を助けることもできる。ソーシャルワーカーは、里子と実家族の面会交流、裁判所への出頭など、子どもが授業を欠席しなければならない日について、事前に教員やスクールカウンセラーに通知した方がよい。

　また、里親委託された子どもが、おそらくこのような面会交流や裁判所への出頭のせいで行動上の問題を起こしているときにも、ソーシャルワーカーは教員に通知する必要がある。このような面会交流や裁判所への出頭が、その子どもにとって特にストレスやトラウマになっている可能性があるからだ。実際、里親養育下の子どもたちは、悲嘆、喪失感、悲しみ、拒絶、失望といった苦しい感情を抱いて、面会交流から里親宅に戻ってくることが多い。その結果、学校の課題や勉強に注意を集中させることが非常に難しくなっている可能性がある。さらに里子は、自分自身の感情や行動をどうにかしようとするだけで四苦八苦しているので、教室で集中することが困難な場合がある。このような裁判所への出頭や面会交流が行われる場合、ソーシャルワーカーは、宿題や試験日程、学校のプロジェクト、およびその時期に見せる問題行動について、柔軟な対応を求めるとよいだろう。前に述べたように、

177

多くの場合、教員は子どもの行動の本質を理解すると、宿題の出し方や規律に関して柔軟で思いやりのある対応を進んでしてくれる。

　ソーシャルワーカーは、その子どもを、そしてその子どものニーズと人生のあらゆる領域で直面している困難を誰よりもよく知っている可能性が高いので、その生徒が学校で直面する可能性のある障壁についてもよく勉強しておく必要がある。その子どもが遭遇する可能性のある障壁について理解を深めておくことで、その子どもが学校にいる間にこれらの落とし穴に落ちる事態を最小限に留めることができる。こうした障壁としては、例えば本の紛失、眼鏡や視力の問題、失聴や補聴器の問題、通学や学校行事の際の交通手段の問題、未払いの学費、そして言葉の壁や通訳の必要性などが挙げられる。これらの障壁は、どれもその生徒の学習と教育の妨げとなるものであり、その生徒がこれらを克服するためにはソーシャルワーカーの助けが必要だ。

　ソーシャルワーカーはまた、学校にいる間できる限り子どもを訪問するようにした方がよい。立ち寄って子どもと一緒に昼食を取ったり、音楽やスポーツや美術など子どもが参加しているプログラムに参加したり、あるいは単に授業中の子どもの様子を観察したりするのもよい。子どもがスポーツや美術などの課外活動に参加していない場合は、参加を奨励するとよいだろう。参加するという行為は、その子どもの社会スキルを高めることにつながるからだ。単に学校や放課後プログラムにソーシャルワーカーが顔を出してくれるだけで、

子どもは「自分は気にかけてもらっている」「誰かが心から自分のためを思ってくれている」という思いを強くするだろう。結局のところ、応援の一言だけで十分なことも多いのだ。

　間違いなく、里子の担当ソーシャルワーカーと担任教員の協働関係は重要である。しかし、それと同じくらい重要なのは、担当ソーシャルワーカーと里親の協働関係だ。里親委託された子どもが学校でうまくやり、里親家庭に適応し、その子どもを苦しめるトラウマから回復し始めるためには、この二者の間に前向きで健全な協働関係がなければならない。したがって、ソーシャルワーカーは、里親との関係構築を模索すること、そしてそれを前向きで有効な関係として発展させることの両方に積極的になる必要がある。里親が里子の学校に関わっていない場合は、もっと積極的に関わるよう里親を励ますとよいだろう。そのことがなぜ重要なのか、そしてそれがあらゆる面で里子にどのような利益をもたらすのかについて、情報を提供するとよい。ソーシャルワーカーはまた、里親が里子を受け持つ教員ときちんと関わり、定期的に連絡を取っているか確かめる必要がある。もし里親がメールアドレスや電話番号などの正確な連絡先をもっていない場合には、ソーシャルワーカーはこれらを里親に提供する必要がある。さらにソーシャルワーカーは、教員と里親がまだ会ったことがない場合には、会う機会を設定した方がよい。これと同時に、ソーシャルワーカーは、里親が学校から里子の学校生活についてきちんと情報をもらっていることを確認する必要がある。例えば、成績や通知表、行動状況、リソースなど、里

子ならびに学校に関する情報だ。最後に、里親が里子の積極的かつ強力な擁護者となるよう、ソーシャルワーカーから熱烈に励ますとよいだろう。

ソーシャルワーカーは、里子と積極的に関わることで、里子が教育面で成功するのをさまざまな形で助けることができる。まず、ソーシャルワーカーは、子どもと膝を交え、学校や学業成績や学校での行動の重要性について説明する必要がある。ソーシャルワーカーは、その子どもが理解できる言葉、単語、表現を使って話し、どの学校に通おうとも、また教員が誰であろうとも、ベストを尽くすことが大切であることを強調する必要がある。里子の心配事や不安について、思いやりと理解をもって耳を傾け、どうしたらうまく対処できそうか尋ねて、本人が自分で提案できるようにしてほしい。もし何も案がないようであれば、本人が学校で直面している問題にどんな解決策があり得るのか、一緒に考えてほしい。また、ソーシャルワーカーは、できるだけ子どもを自分の学習計画に関与させ、その子どもの教育上の意思決定に可能な限り本人を参加させるよう努めるべきである。意思決定の際に本人の意見を聞いてあげることで、学業成績においても行動においても、ベストを尽くそうという気持ちになるかもしれない。

ソーシャルワーカーが非常に多忙であることは間違いない。しかし、里子を訪問した際に時間が許せば、里子が本を音読するのを聞いてあげる時間を作るとよいだろう。間違いなく、多くの幼い子どもたちは、本を音読するのを聞いてもらうのが好きだ。結局のところ、耳を傾けてくれる忍耐強い大人が

もう一人いることで、子どもは良い影響を受けるのである。里子が学校生活の特定の分野で苦戦している場合、あるいは宿題の手伝いを必要としている場合には、できれば少しの時間を割いて手伝ってあげよう。里子が必要としていると思われる、学校の勉強に役立つようなリソースを見つける手助けをしてほしい。里子がもっと社会的に活発になって、新しい友人を作ったり、スポーツに挑戦したり、美術の課外活動や学校の団体に参加したりするよう励ましてほしい。

里親養育下の子どもたちの多くは、それまで一緒に暮らしてきた人たちから教育の大切さを強調されたことがなく、高校卒業が達成すべき目標であるとみなされたこともない。ソーシャルワーカーは、里子が学校で最大限の力を発揮することだけでなく、卒業すること、そして困難が生じたときに中退しないことの重要性を強調する必要がある。実際、高校卒業資格を得ることの重要性は、どんなときにも一貫して強調されるべきであり、高校卒業が里子にとって現実となるよう、ソーシャルワーカーはあらゆる努力をすべきである。

また、ソーシャルワーカーは、里親養育下の子どもたちが高校卒業後の進路計画を立てるのを支援することもできる。10代の里子に大学に通う学力がある場合、ソーシャルワーカーは大学進学という選択肢を検討することでその生徒を支援することができる。一緒に大学を訪問し、願書を記入するのを手伝ってあげよう。大学以外の選択肢、例えば軍への入隊も検討できるよう手助けしてほしい。もしその子どもが里親制度から「自立」することを選択した場合、その後の人生

に役立つスキルが必要となる。里親制度から「自立」する若者の多くは学費を支払う経済的余裕がないため、このような形での援助が非常に有効である。地域社会が里親奨学金基金を設立し、進学を希望する里子のために大学進学資金を提供することもできるだろう。第7章で説明したように、まもなく里親制度から「自立」する年齢を迎える子どもたちを支援する地域の里親養育機関（foster care agencies）に学用品を寄付することもできる。

　里子が実親家庭に戻り、元の学校に復帰する場合もある。実際、里子が里親家庭を離れる理由はいくつかある。里子の50%以上が実親と再統合され、およそ10%がおじ・おばや祖父母など、親族と暮らすようになる[訳注28]。また、里子の18%は養子縁組に至る。子どもが実親家庭や親族のもとに戻される場合、あるいは別の家庭に養子縁組される場合には、ソーシャルワーカーが子どもの移動先の家族にすべての教育情報を提供することが重要だ。ソーシャルワーカーは、家族がこの教育上の移行に備えるのを支援する必要がある。家族と膝を交え、子どもの学習面の状況やニーズ、行動に関する懸念事項、そして現在使用しているリソースや今後必要になるリソースをすべて共有してほしい。そして、子どもが成績と行動の両面において里親家庭や学校で遂げた前向きな歩みや成長のすべてを、熱を込めて家族に伝えてほしい。子ども

訳注28　出典はp.33に登場するCWLA（2005）だと思われるが、現在では当該記
　　事は削除されている。

がスポーツなどの学校活動や学校団体に参加している場合は、新しい学校でもそれらを続けるよう、家族と子どもを説得してほしい。というのも、別の学校への新たな移行の際には、このことがきっと助けになるからだ。

　元の学校への復帰は、子どもにとってまた新たな移行となる。結局のところ、里子は、教員や学校教育関係者、同級生と前向きで健全な関係を築いてきたかもしれない学校を去ることになるのだ。元の学校への復帰は、多くの人が考えるほどスムーズな移行ではないかもしれない。元の学校から離れていた期間が長ければ長いほど、また時間が経過していればいるほど、子どもは以前とは異なる学校に戻ることになる可能性が高い。というのも、里子が学校を離れていた間に、友人や以前その子どもを受け持っていた教員がよそに移ってしまい、顔ぶれや教員が変わっている可能性があるからだ。実際、子どもが実家族の元に戻るときには、里親や新しく出会った友人や教員、そして元の学校からいなくなってしまった人たちを恋しく思い、悲嘆や喪失感を味わうかもしれない。その結果、里子は学業と行動の両面において、元の学校で苦戦することがある。だからこそ、ソーシャルワーカーは実家族に、子どもの学校と関わり、（子どもが実親家庭に戻ったときに直面する感情であれ、学業成績や学習障害に関して直面する課題であれ）子どもが直面する可能性のあるあらゆる課題や困難に備えるよう促す必要があるのだ。これに加えて、ソーシャルワーカーは、子どもが学業成績面での成功と学校での適切な行動に対する自分自身への期待を維持できるよう、実家族

が助けることの大切さを強調する必要がある。さらに、ソーシャルワーカーは実家族に対し、子どもが学校の勉強に取り組む環境を、宿題を手伝い、一緒に本を読み、勉強を手伝うことによって、一定に保つのを支援するよう励ます必要がある。

　さらにソーシャルワーカーは、子どもの元の学校の教育関係者と面談し、子どもが確実に適切なクラスに入れてもらえるようにする必要がある。里親委託されてからは、里子は適切なクラスに配置され、学習面で必要としている適切なサポートを受けている可能性が高い。このような適切な授業やサポートは、その子どもが元の学校に最初に入ったときには受けていなかった可能性があるものだ。子どもが継続的にうまくやっていくためには、子どもにリソースと支援が提供されること、そして子どもが適切なクラスやコースに配置されることが不可欠である。ソーシャルワーカーは、そのような状況になっているのかを確認するよう努力しなければいけない。さらに、ソーシャルワーカーが里子を受け持つ教員たちと会い、子どもに関する情報をできるだけたくさん共有することは大変有用だろう。子どもが元のクラスのいくつかに戻る場合でも、元の教員や管理職やスクールカウンセラーは、その子どもが別の学校に転校してから遂げた変化や進歩を知らないかもしれない。このような変化や進歩に関する情報は、教員や学校教育関係者が子どものニーズに最も適切な形で応え、里親委託されていた間に遂げた進歩を本人が継続できるよう助けるために重要なものなのだ。

　里親養育下の子どもにとって、ソーシャルワーカーは、人生で最も一貫性と安定性のある人物かもしれない。このような一貫性は、このような子どもが家庭から家庭へ、学校から学校へと移動する際に最も重要になるものだ。ソーシャルワーカーは、子どもが学校で、そしてその荒れ狂う人生のなかで自分に襲いかかってくる荒波を乗り切ろうとするときに、つかまる必要がある「命綱」や「救命ボート」のような存在かもしれない。ソーシャルワーカーは、子どもが学校で試練に直面する暗黒の時期に「灯台」のような存在となる。ソーシャルワーカーが子どもに提供する擁護と支援は、今日の学校で里親養育下の生徒が生き延びるために極めて重要なものなのだ。

第 10 章

支援チームの結成

里親養育下の子どもにとって、学校に通うことは大変な苦闘となることがあります。このような子どもたちは、経験してきたことの性質上、すでに多くの打撃を受けてきています。必要な物を欠いた環境、さまざまな種類の虐待、栄養的・情緒的なネグレクト、そして数多くの損失や恐怖を経験しているのです。このような子どもたちは、妊娠期の胎児のトラウマ[訳注29]や教育ネグレクト、あるいは学校への出席率の低さの結果として、しばしば学習障害に陥ります。このような子どもたちの世界は非常に恐ろしいものだった可能性があり、そのせいでアドレナリンやコルチゾールのレベルが慢性的に高くなっていて、常に危険がないか過剰に警戒するようになっているのです。また、感覚統合障害や感覚処理障害のために、世界が奇妙で、うるさくて、無秩序で、苦痛で、恐ろしい場所に感じられているかもしれません。里親制度下に入ることは、これらの子どもたちにとっては断じて恐ろしいことなのです。たとえ悪い環境から引き離されて安全で豊かで癒してくれるはずの環境に移されたのだとしても、彼らはただ「馴染みの鬼」のもとに戻りたいと願い、自分が押しつけられたものに対する生来の恐怖を抱いているのですから。ほとんどの場合、彼らは新しい学校に行かなければなりません。これは、最も健全な家庭の子どもにとっても恐ろしいことです。ましてや、里子

訳注29　母親の妊娠中の飲酒や薬物摂取等による影響を指していると思われる。

188

のように苦しんできた子どもにとって、それがどれほど
のものであるか想像してみてください。

　シェリル（Cheryl）が里親制度につながったのは13
歳のときでした。彼女は混沌としたライフスタイルに苦
しんできており、極めて機能不全な家族の「やっかい
者」でした。シェリルの実母には重度の知的障害と発達
障害があり、実父は非常に支配的で厳格な性格で、娘た
ちの家族以外の人との接触を制限していました。このよ
うな硬直化したがんじがらめの家族における関係性や役
割は、虐待が起こりやすい環境を生み出します。シェリ
ルは一家の働き手となり、家事や家のメンテナンスのほ
か、実母の身体的・衛生的ニーズへの対応もすべて担当
しました。より美しい姉は、実父の愛人役を担い、家庭
内での女性支配者に昇格されました。このような環境の
なかで、シェリルの自己肯定感はひどく損なわれました。
さらに彼女の教育はひどく軽視され、里親制度につな
がったときには広範な学習障害を抱えていて、学校では
数学年遅れていました。

　この13歳の里子は、幸運にもとても愛情深い年配の
里親夫婦のもとに委託されることになりました。この夫
婦は、特別なニーズをもつ子どもたちの「頼れる」家族
でした。すべての子どものなかに美しさと尊さを見出し、
外見的な特徴を超えて内面にあるものを捉えることがで
きたのです。さらに重要なことは、どのように子どもた
ちと接したらその美しい内面を表に引き出せるかを知っ

ていたことです。シェリルは、この里親家庭ですぐに安心感を覚え、自分が受け入れられていると感じて、家では目覚ましい成長を見せるようになりました。その一方で、シェリルは学校で苦戦し続けました。学校では自分がうまくやれるようになるとは思えず、その上、うまくやる理由も見出せなかったのです。雇用されて仕事をしている自分を想像できず、家事をしたり好きになってくれそうな男の子に会ったりするほかは大して何もしない自分しか想像できなかったのです。

　シェリルは特別支援学級に所属しており、学校職員は彼女が遅れを取り戻せるよう懸命に支援していました。彼女が受けていたすべての授業で配慮がなされていました。しかし、それでも宿題の評価は100点満点中5点から15点の範囲に留まっていました。ある日、シェリルが持ち帰った宿題には100点満点中20点という点数が書かれていました。ほとんどの子どもたちにとって、20％という得点率は喧伝するようなものではありませんが、シェリルにとっては33〜75％^{訳注30}の向上でした。賢明な里母はそれを知っていて、この成果を生かさない手はないと考えました。ジョンソン（Johnson）夫人はその紙を手に取り、シェリルを抱きしめて褒め、家中の人に「今日はシェリルにとって記念すべき日よ！」

訳注30　原書では「75％」となっているが、5点から20点への向上なので300％だと思われる。

と言った後、冷蔵庫にその紙をマグネットで貼り付けて、20点という点数を赤いマーカーで囲みました。その日から、家に来る人はみんな冷蔵庫のところに連れて行かれ、シェリルはそのたびにその成績を取るためにいかに自分が頑張ったかを話す機会ができました。その間、ジョンソン夫人はシェリルに輝くような笑顔を向けて背中を叩き、シェリルの達成をいかに誇りに思っているかを一人ひとりに伝えたのです。

　ご想像の通り、シェリルには20%前後の得点率が普通になってきて、やがて25点と書かれた紙を持ち帰るようになりました。さあ、また始まりました！　シェリルを抱きしめて褒める、ヨシ！　家族みんなに自慢する、ヨシ！　冷蔵庫に紙を貼る、ヨシ！　家に来た人の前でよくやったと褒める、ヨシ！

　この取り組みは年間を通して進められ、時が経つにつれてシェリルの成績は上がっていって、すべてのクラスで合格圏内に入りました。読解力と数学のレベルも向上し、学校にも以前より興味を示し始め、身だしなみや衛生面にも少し気を遣うようになりました。最終的にシェリルは高校を卒業することができ、健全な人間関係を築いて自分なりの成功を収める生産的な人生を歩み始めました。このようなことは、「彼女がよりよい場所に移れるようにするためには、まず彼女の現状を肯定する必要がある」と理解していた里母がいなければ、起こり得なかったことです。現在、シェリルはもう大人で、ジョン

ソン夫妻は二人とも他界しています。シェリルは、ジョンソン夫人の成人した実の娘、何人かの養子、そして幸運にもその家庭に委託された他の里子たちとのつながりを保っています。これらの里子たちは全員、ジョンソン夫妻が築いた基礎の上に、それぞれの小さな家族を築いています。

ジニー（Ginny）・J、ソーシャルワーカー歴26年

　チームワーク──人生の多くの領域で、成功を収めるためにはチームワークが必要不可欠だ。ビジネス、スポーツチーム、非営利型企業などの組織はすべて、目標を達成するためにそれぞれが自分の役割を果たすというチームワークの概念に依拠している。里親養育下の子どもたちが学校で生き残るのは言うまでもなく真に成功するためには、彼らを助け、励まし、擁護する人たちの集団が背後にいなければならない。多くの場合、里親養育下の子どもにとって、自分を助けるためにチームを組み、一丸となって応援してくれる人たちがいるのは初めてのことかもしれない。教員・里親・ソーシャルワーカーで構成される支援チームは、里親養育下の生徒が学業と行動の両面で成功するために不可欠な存在である。これら関係者がチームとして協働すれば、子どもは必ず利益を得ることができる。これまで見てきたように、このチームの各メンバー、つまり各関係者が、子どもの成功にとって重要な

役割を担っている。もし一人でも欠けたら、子どもは必要な
サポートを十分に受けられなくなってしまうのだ。

　里子の支援チームを作る場合、まず「窓口役」、つまり調
整役となる人を決めておくとよいだろう。通常、この窓口役
（調整役）は、しっかりした責任感のある人が務めなければな
らない。可能であれば、里親がこの役割を果たすのが理想的
である。というのも、里親はその時点で里子のことを一番よ
くわかっており、里子のニーズや直面している課題を最もよ
く理解しているはずだからだ。第 8 章で述べたように、里
親が率先して自分の里子を擁護し、教員に支援を求める必要
がある。里子が学校に転入したら、里親は里子を受け持つ教
員たちとソーシャルワーカーに連絡し、全員が同意できるよ
うなミーティングの時間と場所を設定して、この支援チーム
を結成するプロセスを開始する必要がある。ほとんどの場合、
最適なミーティング場所は子どもの学校だが、地元の児童福
祉事務所や公立図書館でもかまわない。どのような場所で開
催するとしても、まずは許可を取り、何のためにミーティン
グを開催するのか、誰が出席するのかを説明しよう。場所と
時間を決めると同時に、支援チームの各メンバーに、他のメ
ンバーと共有できそうなその子どもに関するあらゆる情報を
持参してくれるよう依頼しよう。

　初回ミーティングでは、窓口役は参加者全員が確実に紹介
され、歓迎されていると感じられるように気を配る必要があ

る。各参加者がサインイン・シート^{訳注31}に署名した後、進行係はミーティングの議事録を作成してくれる人を募る。この後、支援グループのメンバーは、子どもに関するすべてのデータと情報を確認する必要がある。その子どもについてもっている情報や、他のメンバーが本人をよりよく理解するのに役立ちそうな観察結果を、お互いに共有するのだ。

　支援チームのメンバーたちの間にいったん関係が形成されたら、この関係を継続させ発展させるために、関係を維持してこれに常に注意を払う必要がある。メンバーたちは、電子メールやインターネット・フォーラム、電話や電話連絡網、手紙やメーリングリストを使って、また評価フォームを利用することで、この関係の維持を助けることができる。評価フォームは、チームのメンバーたちが将来のミーティングに焦点を合わせ続ける助けとなる。成果を上げている学校は、保護者や地域の人々との連携を大切にしている。学校は、保護者や地域の人々との協力について校長や教頭、教員に研修を行うだけでなく、保護者や地域の人々にも校内ボランティアや他の方法での貢献を奨励しなければならない。

　家庭・学校・地域社会の連携が有効に機能するためには、コミュニケーションが不可欠である。学校は、学校と地域社会との双方向コミュニケーションにもっと熱心に取り組む必要がある。ニュースレターや電話、電子メール、学校のウェ

訳注31　「付録」にある「里子支援チームミーティング評価フォーム」を指していると考えられる。

ブサイトを通して、もっと地域社会とのコミュニケーション
を図るべきだ。また、学校は、保護者の有意義な参加を促す
ために、ブログやスカイプなどのバーチャルメディアのよう
なコミュニケーション手段における最新技術も取り入れる必
要がある。里親養育下の生徒が新しい学校で最初の授業を受
ける前、すなわち教員らによる事前準備セッションが行われ
ている間に、教員・ソーシャルワーカー・里親のコミュニ
ケーション関係は構築されなければならない。教員・ソー
シャルワーカー・里親は、その里子のための特別な授業計画
を作成する際、作業チームを結成する必要がある。これに加
えて、その里子の将来計画を立てる際にはチームでコミュニ
ケーションを取り、その里子のニーズに関する重要な決定が
なされる際にも協議する必要がある。また、チームのメン
バーたちは、その里子の助けとなるようなリソースを共有す
ることもできる。地域の人々や保護者も、生徒たちの宿題を
手伝ってあげたり、学習の進捗状況を把握してあげたりして
学校と関わることができる。また、保護者や地域の人々は、
学校行事や生徒活動や授業参観に参加することができる。

　里親は、窓口役として、里子に関する各ミーティングの準
備をしなければならない。本書の「付録」に活用できそうな
テンプレートをいくつか載せてある。実際、これらのテンプ
レートは、私が何人かの里子に関して教員やソーシャルワー
カーと会った際に自分用に作成したものだ。

　里子たちは、学校生活で適切な行動を取ることが困難な場
合が多い。多くの里子たちにとって、学校は、自分たちが本

当の家庭をもたない里子であることを絶え間なく思い知らされる場所なのだ。同級生は実の家族と暮らしているのに、自分はそうではないということを常に思い知らされることは、彼らにとってつらい現実であり、それはいくつかの形で表出されることがある。ある里子は、単に引きこもり、非社交的になり、自分たちが押しつけられた現在の環境と世界から逃れようとする。多くの里子の場合、暴力的な行動が当たり前となり、学校だけでなく、里親家庭でも否定的で破壊的な行動を取るようになり、このことがまた別の里親家庭や学校への移動につながってしまうのだ。

　学校は里子たちにとって本当に厳しい環境であり、非常に多くの場合、これらの里子たちは、学校で突きつけられる要求に応えたり困難を乗り越えたりすることができない。里親・ソーシャルワーカー・教員が力を合わせて支援してこそ、里子が学校でうまくやれる可能性が生まれるのだ。三者が協働することによって、里子が成長し、大きく社会を変えていく担い手となり、地域や社会に積極的に貢献するようになっていくのをよりよく支援できる体制が整うのである。

里親養育下の新規生徒の
受け入れ手順と
チームミーティング資料

ソーシャルワーカー・里親・教員用
チェックリスト

　里親養育下の新規生徒の入学・転入に際しては、そのニーズに応え、また移行を容易にするために、以下のような作業を行う必要がある。

ソーシャルワーカー
- ☐ 成績証明書と学校記録を学校に提供する。
- ☐ スクールカウンセラーと管理職に生活上のルールや学習に関する困難に関する情報を提供する。
- ☐ 教員たちとの定期的な連絡を確立して維持する。
- ☐ 教育的・情緒的背景に関する情報を教員たちに提供する。
- ☐ 里親が子どもの学業を励ますように支援する。
- ☐ 情緒的葛藤や実家族との面会交流による問題について学校に報告する。
- ☐ 里親と教員の間の連絡を勧める。
- ☐ 教員・スクールカウンセラー・管理職に、里親・里子に関する資料を提供する。
- ☐ スポーツイベントや授業参観など、里子が参加する学校行事に出席する。

里　親
- ☐ 教員・スクールカウンセラー・管理職と連絡を取り、協働関係・チームを作る。

□情緒面・行動面・学業面の成功や失敗の近況を教員に報告する。

□面会交流の日時とその結果生じる可能性のある問題について教員やスクールカウンセラーに知らせる。

□里子の宿題や勉強を手伝う。

□スポーツイベントや授業参観など、里子が参加する学校行事に出席する。

教　員

□里親とソーシャルワーカーにすべての学業に関する最新情報を提供する。

□里子に普段と違う行動や問題行動がないかを観察する。

□普段と違う行動があれば里親やソーシャルワーカーに報告する。

□問題を予測して先手を打つ。日常会話を通じて子どもと良好な関係を築く。

□子どもの声に積極的に耳を傾ける。

□前向きなロールモデルとなる。

□子どもを尊重する。

□里親やソーシャルワーカーと共に里子に合ったルールを考え、教室で活用する。

□スポーツイベントや授業参観など、里子が参加する学校行事に出席する。

里子支援チームミーティング評価フォーム

生徒氏名
教員
ソーシャルワーカー
里親
その他

次回のミーティング

日付		時間	
場所			

ミーティング評価フォーム

日付：　　　　　　　　　　　時間：

質問：

コメント：

ミーティングは定刻に開始されたか？

ミーティングの目的は達成されたか？

議題リストに沿って進行したか？

議論は脱線しなかったか？

参加者の準備は十分だったか？

場所は適切だったか？

ミーティングは定刻に終了したか？

フォローアップレポートは送信されたか？

基本原則は守られたか？

全員参加だったか？

ミーティングの良かった点：

改善すべき点：

参考文献

The AFCARS Report (2009) Adoption and Foster Care Analysis and Reporting System [AFCARS] Available at www.acf.hhs.gov/sites/default/files/cb/afcars report20.pdf, accessed on 8 June 2015.

Altshuler (1997). "A reveille for school social workers: Children in foster care need our help!" *Social Work in Education 19*(2), 121-127. Available at http://find articles.com/p/articles/mi_hb6467/is_1_48/ai_n28976792/pg_9/, accessed on 8 June 2015.

American Academy of Pediatrics (2000) "Developmental issues for young children in foster care." *Pediatrics 106*(5), 1145–1150.

Amster, B., Greis, S., and Silver, J. (1997) *Feeding and Language Disorders in Young Children in Foster Care*. Paper presented at the annual meeting of the Speech-Language Hearing Association, Boston.

Ayasse, R. (1995) "Addressing the needs of foster children: The foster youth services program." *Social Work in Education 17*(4), 207–216.

Benedict, M.I., Zuravin, S., and Stallings, R.Y. (1996) "Adult functioning of children who lived in kin versus nonrelative family foster homes." *Child Welfare 75*(5), 529–549.

Berrick, J. D., Barth, R. P., and Needell, B. (1994) "A comparison of kinship foster homes and foster family homes: Implications for kinship foster care as family preservation." *Children and Youth Services Review 16*(1-2), 35–63.

Bowlby, J. (1982). *Attachment* (2nd ed.). New York, NY: Basic Books.

California Department of Social Services (2002) *Report on the Survey of the Housing Needs of Emancipated Foster/Probation Youth*. Sacramento, CA: CDSS.

Calvin, E. (2000) *Make a Difference in a Child's Life: A Manual for Helping Children and Youth Get What They Need in School*. Seattle, WA: TeamChild and Casey Family Programs.

Canning, R. (1974) "School experiences of foster children." *Child Welfare 53*(9), 582–586.

Cantos, A., Gries, LT., and Slis, V. (1997) "Behavioral correlates of parental visiting during family foster care." *Child Welfare 76*(2), 309–329.

Chall, J.S. (1983) *Stages of Reading Development*. New York, NY: McGraw-Hill Book Company.

Child Welfare League of America (2005) *Quick Facts About Foster Care*. Available at: www.cwla.org/programs/fostercare/factsheet.htm, accessed on 8 June 2015.

Christian, S. (2003) *Educating Children in Foster Care*. Washington, DC: National Conference of State Legislatures.

Clausen, J., Landsverk, J., Ganger, W., Chadwick, D., and Litrownik, A. (1998) "Mental health problems of children in foster care." *Journal of Child and Family Studies 7*(3), 283–296.

Coulling, N. (2000) "Definitions of successful education for the 'looked after' child: A multi-agency perspective." *Support for Learning 15*(1), 30–35.

Courtney, M., Piliavin, I., Grogan-Kaylor, A., and Nesmith, A. (2001) "Foster youth transitions to adulthood: A longitudinal view of youth leaving care." *Child Welfare 80*(6), 685–717.

Courtney, M. and Dworsky, A. (2005) *Midwest Evaluation of the Adult Functioning of Former Foster Youth*. Chicago: Chapin Hall Center for Children at the University of Chicago.

Courtney, M.E. and Heuring, D.H. (2005) "The Transition to Adulthood for Youth 'Aging Out' of the Foster Care System." In D.W. Osgood, E.M. Foster, C. Flanagan, and G.R. Ruth (Eds.) *On Your Own Without a Net: The Transition to Adulthood for Vulnerable Populations*. Chicago: University of Chicago Press.

Davey, D. and Pithouse, A. (2008) "Schooling and looked after children: Exploring contexts and outcomes in Standard Assessment Tests (SATS)." *Adoption and Fostering 32*(3), 60–72.

Davis, I.P., Lansverk, J., Newton, R., and Ganger, W. (1996) "Parental visiting and foster care reunification." *Children and Youth Services Review 18*(4-5), 363–382.

Davis-Kean, P.E. (2005) "The influence of parent education and family income on child achievement: The indirect role of parental expectations and the home environment." *Journal of Family Psychology 19*(2), 294–304. Available at www. mike mcmahon.info/ParentEducationIncome.pdf, accessed on 6 February 2015.

Deater-Deckard, K., Petrill, S., and Thompson, L. (2007) "Anger/frustration, task persistence, and conduct problems in childhood: A behavioral genetic analysis." *Journal of Child Psychology and Psychiatry and Allied Disciplines 48*(1), 80–87.

DeGarmo, J. (2011) *Responding to the Needs of Foster Teens in a Rural School District*. Dissertation.

dosReis, S., Zito, J., Safer, D., and Soeken, K. (2001) "Mental health services for youths in foster care and disabled youths." *American Journal of Public Health 91*(7),

1094–1099.

Emerson, J. and Lovitt, T. (2003) "The educational plight of foster children in schools and what can be done about it." *Remedial and Special Education 24*(4), 199–203.

Evans, M., Dollard, N., Kuppinger, A., Wood, V., Armstrong, M., Huz, S. (1994) "Development and evaluation of treatment foster care and family-centered intensive case management in New York." *Journal of Emotional and Behavioral Disorders 2*(4), 228–240.

Eyster, L. and Oldmixon, S.L. (2007) *State Policies to Help Youth Transition out of Foster Care. Issue Brief.* Washington, DC: NGA Center for Best Practices.

Falke, J. (1995) *Living in a Foster Home.* New York, NY: The Rosen Publishing Group, Inc.

Finkelstein, M., Wamsley, M., and Miranda, D. (2002) *What Keeps Children in Foster Care from Succeeding in School.* New York: Vera Institute of Justice.

George, R., Voorhis, J., Grant, S., Casey, K., and Robinson, M. (1992) "Special education experiences of foster children: An empirical study." *Child Welfare 71*(5), 419–437.

Gerber, J.M. and Dicker, S. (2006) "Children adrift: Addressing the educational needs of New York's foster children." *Albany Law Review 69*(1), 1–74.

Gilpatrick, B. (2007) "Foster kids call for the right to drive: Legal hurdles could derail a proposal intended to make it easier for foster children to obtain their driver's licenses." *Miami Herald* 9 April.

Goelitz, G. (2007) "Answering the call to support elderly kinship carers." *Elder L.J.,15*(2), 233–263.

Grogan-Kaylor, A. (2000) "Who goes into kinship care? The relationship of child and family characteristics to placement into kinship foster care." *Social Work Research 24*(3), 132–141.

Halfon, N., Mendonca, A., and Berkowitz, G. (1995) "Health status of children in foster care." *Archives of Pediatric & Adolescent Medicine 149*(4), 386–392.

Harden, B. (2004) "Safety and stability for foster children: A developmental perspective." *The Future of Children 14*(1), 30–47.

Hochstadt, N.J., Jaudes, P.K., Zimo, D.A., and Schachter, J. (1987) "The medical and psychosocial needs of children entering foster care." *Child Abuse and Neglect 11*(1), 53–62.

Horwitz, S., Owens, P., and Simms, M. (2000) "Specialized assessments for children in foster care." *Pediatrics 106*(1), 59–66.

Howard, S. and Johnson, B. (2000) "What makes the difference? Children and teachers talk about resilient outcomes for children 'at risk'." *Educational Studies 26*(3), 321–337.

Jackson, S. and Sachdev, D. (2001) *Better Education, Better Futures.* London, UK: Barnardo's.

Jeynes, W.H. (2005) *Parental Involvement and Student Achievement: A Metaanalysis.* Family Involvement Research Digests, December 2005. Available at www.hfrp. org/publications-resources/publications-series/family-involvement-research-digests/parental-involvement-and-student-achievement-a-meta-analysis, accessed on 6 February 2015.

Kools, S. (1999) "Self-protection in adolescents in foster care." *Journal of Child and Adolescent Psychiatric Nursing 12*(4), 139–152.

Lanier, K. personal communication, May 21, 2010.

Leslie, L., Hurlburt, M., Landsverk, J., Rolls, J., Wood, P., and Kelleher, K. (2003) "Comprehensive assessments for children entering foster care: A national perspective." *Pediatrics 112*(1), 134–142.

Leslie, L.K., Gordon, J.N., Ganger, W., and Gist, K. (2002) "Developmental delay in young children in child welfare by initial placement type." *Infant Mental Health Journal 23*(5), 496–516.

Lewis, L.L., Kim, Y.A., and Bey, J.A. (2011) "Teaching practices and strategies to involve inner-city parents at home and in the school." *Teaching and Teacher Education 27*(1), 221–234. Available at www.esev.ipv.pt/mat1Ciclo/DISCUSS%C3% 95ES/Teacher%20practice.pdf, accessed on 6 February 2015.

Marcus, R. (1991) "The attachments of children in foster care." *Genetic, Social & General Psychology Monographs 117*(4), 365–394.

Massachusetts Society for Prevention for Cruelty to Children (2005) *18 and Out, Life After Foster Care in Massachusetts.* Boston, MA: MSPCC.

Massinga, R. and Pecora, P. (2004) "Providing better opportunities for older children in the child welfare system." *Children, Families, and Foster Care 14*(1), 151–173.

Mata, C. (2009) "Academic achievement of foster children: Child welfare worker's perception and practices (Ed. D. dissertation)." Available from ProQuest Dissertations & Theses: Full Text (1466336).

McMillen, J.C. et al. (2004) "Use of mental health services among older youths in foster care." *Psychiatric Services 55*(7), 811–817. Available at http://journals. psychiatryonline.org/article.aspx?articleid=88821, accessed on 5 February 2015.

McVey, L. and Mullis, A. (2004) "Improving the lives of children in foster care: The impact of supervised visitation." *Family Relations 53*, 293–300.

Meadowcroft, P., Thomlison, B., and Chamberlain, P. (1994) "Treatment foster care services: A research agenda for child welfare." *Child Welfare 73*(5), 565–581.

Needell, B. et al. (2002) *Youth Emancipating from Foster Care in California: Findings Using Linked Administrative Data.* Berkeley: Center for Social Services Research.

Parrish, T., Dubois, J., Delano, C., Dixon, C., Webster, D., and Berrick, J.D. (2001) *Education of Foster Group Home Children: Whose Responsibility is it? Study of the Educational Placement of Children Residing in Group Homes.* Palo Alto, CA: American Institute of Research.

Pecora, P., White, C., Jackson, L., and Wiggins, T. (2009) "Mental health of current and former recipients of foster care: A review of recent studies in the USA." *Child and Family Social Work 14*(2), 132–146.

Plotkin, C.N. (2005) "Study finds foster kids suffer PTSD." *The Harvard Crimson.* Available at www.thecrimson.com/article/2005/4/11/study-finds-foster-kids-suffer-ptsd, accessed on 5 February 2015.

Powers, P. and Stotland, J.F. (2002) *Lost in the Shuffle.* Philadelphia, PA: Education Law Center.

Purvis, K.B., Cross, D.R., and Sunshine, W.L. (2007) *The Connected Child.* New York: McGraw Hill.

Reilly, T. (2003) "Transition from care: Status and outcomes of youth who age out of foster care." *Child Welfare 82*(6), 727–746.

Sawyer, R.J. and Dubowitz, H. (1994) "School performance of children in kinship care." *Child Abuse and Neglect 18*(7), 587–597.

Schofield, G. and Beek, M. (2005) "Providing a secure base: Parenting children in long-term foster family care." *Attachment and Human Development 7*(1), 3–25.

Schwarz, J. (2004) "Childhood conduct problems may predict depression among young adults." *UW NEWS*, 13 May.

Select Committee Hearing of the California Legislature, 12 May, 2006.

Shaw, T.V., Barth, R.P., Svoboda, D.V., and Shaikh, N. (2010) *Fostering Safe Choices: Final Report.* Baltimore, MD: University of Maryland Baltimore, School of Social Work, Ruth H. Young Center for Families and Children.

Simms, M.D. (1989) "The foster care clinic: A community program to identify treatment needs of children in foster care." *Journal of Developmental and Behavioral Pediatrics 10*(3), 121–128.

Simms, M., Dubowitz, H., and Szilagyi, M. (2000) "Health care needs of children in the foster care system." *Pediatrics 106*(4), 909–918.

Smucket, K., Kauffman, J., and Ball, D. (1996) "School related problems of special education foster-care students with emotional or behavioral disorders: A comparison to other groups." *Journal of Emotional and Behavioral Disorders 4*(1), 30–39.

Stahmer, A., Leslie, L., Hurlburt, M., Barth, R., Webb, M., Landsverk, J., and Zhang, J. (2005) "Development and behavioral needs and service use for young children in child welfare." *Pediatrics 116*(4), 891–900.

Stein, E., Evans, B., Mazumdar, R., and Rae-Grant, N. (1996) "The mental health of children in foster care: A comparison with community and clinical samples." *Canadian Journal of Psychiatry 41*(6), 385–391.

Stephenson, C. (2009) "Turnover rate improves for child services caseworkers." *Milwaukee Journal Sentinel* 14 September. Available at www.jsonline.com/news/milwaukee/59264702.html, accessed on 5 February 2015.

Stock, C. and Fisher, P. (2006) "Language delays among foster children: Implications for policy and practice." *Child Welfare 85*(3), 445–461.

Sullivan, A. (2009) "Teen pregnancy: An epidemic in foster care." *Time* 22 July, 2009. Available at http://content.time.com/time/nation/article/0,8599,1911854,00.html, accessed on 5 February 2015.

Swift, K. (2007) "A child's right: What should the state be required to provide to teenagers aging out of foster care." *William & Mary Bill of Rights Journal 15*(4), 1205–1235.

Takayama, J., Wolfe, E., and Coulter, K. (1998) "Relationship between reason and medical findings among children in foster care." *Pediatrics 101*(2), 201–207.

Taussig, H., Clyman, R., and Landsverk, J. (2001) "Children who return home from foster care: A 6-year prospective study of behavioral health outcomes in adolescence." *Pediatrics 108*(1). doi: 10.1542/peds.108.e10.

University of Connecticut (2011) "Challenges in social work today." *UCONN Today* (online). Available at http://today.uconn.edu/blog/2011/08/challenges-in-social-work-today, accessed on 5 February 2015.

U.S. Department of Education, Office of Special Education and Rehabilitative Services, Office of Special Education Programs. (2009). *28th Annual Report to Congress on the Implementation of the Individuals with Disabilities Education Act, 2006, vol. 2*. Available at www.ed.gov/about/reports/annual/osep/2006/partsb-c/28th-vol-2.pdf, accessed on 8 June 2015.

U.S. Department of Health and Human Services. (2010). *Foster Care Statistics 2010*. Available at www.childwelfare.gov/pubs/factsheets/foster.cfm, accessed on 8 June 2015.

Vericker, T., Kuehn, D., & Capps, R. (2007). "Foster care placement settings and permanency planning: Patterns by child generation and ethnicity." *The Urban*

Institute Research of Record. Available at www.urban.org/uploadedpdf/311459_foster_care.pdf, accessed on 8 June 2015.

Webb, M. B., Frome, P., Jones Harden, B., Baxter, R., Dowd, K., & Shin, S. H. (2007). "Addressing the educational needs of children in child welfare services." In R. Haskins, F. Wulczyn, & M. B. Webb (Eds.), *Child protection: Using research to improve policy and practice* (pp. 243–258). Washington, DC: Brookings Institution Press.

Weinberg, L., Weinberg, C., & Shea, N. (1997). "Advocacy's role in identifying dysfunctions in agencies serving abused and neglected children." *Child Maltreatment 2*(3), 212-225. doi:10.1177/1077559597002003004.

Weinberg, L., Zetlin, A., & Shea, N. (2003). *Improving educational prospects for foster youth.* Los Angeles, CA: Mental Health Advocacy Services, Inc.

Weinberg, L., Zetlin, A., & Shea, N. (2009). "Removing barriers to education children in foster care through interagency collaboration: A seven county mulitiple-case study." *Child Welfare 88*(4), 77-111. Available at www2.americanbar.org/BlueprintForChange/Documents/weinberg2009.pdf, accessed on 8 June 2015.

Wolanin, T.R. (2005) *Higher Education Opportunities for Foster Youth.* Washington, DC: Institute for Higher Education Policy.

Wulczyn, F. (2004). "Family Reunification." *The Future of Children 14*(1), 95-113. Available at www.futureofchildren.org/futureofchildren/publications/docs/14_01_05.pdf, accessed on 8 June 2015.

Yamamoto, Y. and Holloway, S.D. (2010) "Parental expectations and children's academic performance in sociocultural context." *Educational Psychology Review 22*(3), 189–214 (online). Available at http://link.springer.com/article/10.1007/s10648-010-9121-z/fulltext.html, accessed on 6 February 2015.

Zetlin, A., Weinberg, L., & Shea, N. (2006). "Seeing the whole picture: Views from diverse participants on barriers to educating foster youths." *Children and Schools 28*(3), 165-173.

Zima, B., Bussing, R., Freeman, S., Yang, X., Belin, T.,& Forness, S. (2000). "Behavior foster care: Their relationship to placement characteristics." *Journal of Child and Family Studies 9*(1), 87-103.

監訳者あとがき

　本書は、2015 年に発刊された John DeGarmo 著『Helping Foster Children In School: A Guide for Foster Parents, Social Workers and Teachers』の訳書となる。翻訳のきっかけとなったのは、監訳者が所属している早稲田大学社会的養育研究所のプロジェクトの一つである「海外文献の翻訳・紹介」である。また本書が、特に学校現場において里親家庭で暮らす子どもへどのような支援ができるのか、について有益な知見を与えてくれると考えたからである。

　現在、日本の社会的養護は、2016 年の児童福祉法改正、2017 年の「新しい社会的養育ビジョン」の策定、2022 年の更なる児童福祉法改正などを契機として大きな転換期を迎えている。児童虐待など何らかの理由で親と一緒に暮らせない事情が生じた子どもは、日本ではこれまで施設等による養育が一般的となっていた。しかし近年では、実家庭により近い環境で、子どもへ細やかなケアを提供する目的から里親等による家庭養育が推進されている。今後より里親家庭で暮らす子どもが増えるなかで、学校がどのような役割を果たすのか、またその役割を果たすためにどのような里親、ソーシャルワーカー、教員の協働が必要となるのか、もちろん施設で暮らす子どもにも共通する部分は多くあるが、今後の日本の社

会的養護を考えるうえでは重要なテーマの一つであると考えられる。

　学校現場は、里親家庭のみならず、乳児院、児童養護施設等を含めて、社会的養護を受けて暮らす子どもの成長・発達に大きな影響を与える可能性を持っている。それはどのような家庭環境に生まれても平等に教育が提供される場所だからであり、様々な生活上の困難に関する世代間連鎖を断ち切ることが出来る場所だからである。日本の特に高い義務教育就学率を考えると、学校はすべての子どもに届く形で教育を保障し、子どもの将来の可能性を広げ、明るい未来を保障するきっかけになり得る場所である。

　ただ一方で、日本で十分な成長・発達に関する権利保障がなされているかと聞かれるとそうではないと言わざるを得ない。監訳者である私自身、学校でスクールソーシャルワーカーとして勤務した経験のなかで、学校現場には児童虐待への「対応」に関する意識が徐々に高まる一方で、児童虐待対応が一旦落ち着いた後の子どものケア、特に、保護されて親と一緒に暮らせなくなった子どものケアは十分に意識されているとは言えないと感じている（これはもちろん私自身の過去の実践に対する反省でもある）。

　長期の親子分離となった子どもは、元にいた学校区から離れて里親家庭や児童養護施設等で暮らすことが一般的である。本書に記されている通り、まさに見知らぬ土地で、見知らぬ人と生活し、見知らぬ担任や友達と、新たな授業カリキュラムに取り組むのである。転校の際の指導要録や家庭調査票で

その背景に気づくことができたとしても、その子どもにどのようなケアが必要か、私たちに何ができるのか、学校現場は十分に考えることができているだろうか。レベルに合わない教科学習や、配慮のない生い立ちに関する授業などで、親子分離となった子どもの傷を広げるようなことになってはいないだろうか。学校は子どもの将来への可能性とともに、新たな心の傷を生むような危険性も持ち合わせた場所でもあることを私たちは認識する必要がある。

　このような危険性を無くし、学校教育の可能性を最大化していくためには、関係者が適切な知識を持ち、十分な協働体制を構築することが求められる。本書では、その協働のための知恵が多く記されており、学校が里親家庭で暮らす子どもにとって素晴らしい場所になるために、関係者がチームとなって子どもに関わる必要性が繰り返し指摘されている。ぜひ、子どもに関わる里親、ソーシャルワーカー、教員など関係者の皆で本書を読んでほしい。そして、子どもが何を求めているのか、学校で私たちに何ができるのか、を改めて考えて行動するきっかけになり、少しでも子ども自身の役に立てれば、監訳者として幸いである。

　なお、本書の監訳作業は、4章までを中村豪志、5章以降を高石啓人が主に担当し、全体のチェックを上鹿渡和宏が担当した。また、企画・監訳・出版等の作業においては、多くの方からたくさんのサポートや貴重なご意見をいただいた。特に関西学院大学の馬場幸子先生、白百合女子大学の御園生直美先生には特段の感謝を申し上げたい。その他、監訳作業

において、多くの方々から情報提供、訳出の助言等をいただいた。津崎哲雄先生、陶嘉禕氏、橋爪大輝先生、中川友生氏、西澤哲先生には、厚くお礼を申し上げる。また、佐藤明子さんには大変分かりやすい訳をしていただき、文献情報の提供までいただいた。明石書店の深澤孝之さん、岡留洋文さんには、丁寧に作業を進めていただいた。お二人がいらっしゃらなかったら、とても完成にはたどり着けなかったと思う。この場を借りて厚くお礼申し上げる。最後になったが、この本が社会的養護をはじめとする、より多くの子どもたちの最善の利益の保障につながることを強く願っている。

2023 年 10 月　監訳者を代表して　　　　　　　　中 村 豪 志

著者・監訳者・訳者紹介

〈著者略歴〉

ジョン・デガーモ（John DeGarmo）

アメリカ・ジョージア州在住。教育分野において博士号を取得し、里親養育機関のコンサルタントを務めながら、TEDxTalks での講演や、CNN のメディア出演など、里親養育制度や養子縁組制度の改善と普及に努めている。自身もこれまでに 40 人以上の子どもを養育してきた里親・養親であり、その経験をもとに講演や研修を行っている。
［主な著書］
Love and Mayhem: One Big Family's Uplifting Story of Fostering and Adoption（Jessica Kingsley Publishers、2014 年）
The Foster Parenting Manual: A Practical Guide to Creating a Loving, Safe and Stable Home（Jessica Kingsley Publishers、2013 年）

〈監訳者略歴〉

中村豪志（なかむら　たけし）

愛知県立大学人間発達学研究科博士後期課程単位取得満期退学。修士（人間発達学）、社会福祉士。尾張旭市・瀬戸市スクールソーシャルワーカーを経て、現在、早稲田大学社会的養育研究所研究助手。専門はスクールソーシャルワーク、子ども家庭福祉。
［主な著書・論文等］
「スクールソーシャルワーク支援における『秘密の保持』の配慮・工夫のプロセス」（『人間発達学研究』第 14 号、p.43-51）
「スクールソーシャルワーク支援における 2021 年『個人情報保護法』改正の意義と課題」（『人間発達学研究』第 13 号、p.73-80）

高石啓人（たかいし　あきと）

早稲田大学大学院文学研究科博士後期課程単位取得退学。博士（文学）。山梨県立大学講師等を経て、現在、日本大学文理学部助教。専門はスクールソーシャルワーク、児童福祉。
［主な著書］
『教職をめざす人のための特別支援教育―― 基礎から学べる子どもの理解と支援』（分担執筆、福村出版、2021 年）
『子どもの権利と多様な学び』（分担執筆、エイデル研究所、2020 年）

上鹿渡和宏（かみかど　かずひろ）

博士（福祉社会学）、児童精神科医。佐久総合病院、静岡県立こころの医療センター、京都市児童福祉センター、信州大学医学部、長野大学社会福祉学部等を経て、現在、早稲田大学人間科学学術院教授、社会的養育研究所所長。厚生労働省「新たな社会的養育の在り方に関する検討会」構成員。2023 年度よりこども家庭審議会委員。

［主な著書・訳書］

『シリーズみんなで育てる家庭養護　中途からの養育・支援の実際──子どもの行動の理解と対応』（共編、明石書店、2021 年）

『欧州における乳幼児社会的養護の展開──研究・実践・施策協働の視座から日本の社会的養護への示唆』（福村出版、2016 年）

ジリアン・スコフィールド『アタッチメント・ハンドブック──里親養育・養子縁組の支援』（共監訳、明石書店、2022 年）

チャールズ・A・ネルソン、ネイサン・A・フォックス、チャールズ・H・ジーナー『ルーマニアの遺棄された子どもたちの発達への影響と回復への取り組み──施設養育児への里親養育による早期介入研究（BEIP）からの警鐘』（共監訳、福村出版、2018 年）

カレン・バックマン、キャシー・ブラッケビィ他『フォスタリングチェンジ──子どもとの関係を改善し問題行動に対応する里親トレーニングプログラム』（共監訳、福村出版、2017 年）

〈訳者略歴〉

佐藤明子（さとう　あきこ）

東京大学理学部生物化学科卒業。理化学研究所勤務を経て、英語・フランス語翻訳に携わる。

［主な訳書］

ジェニファー・ウェイクリン『里親養育における乳幼児の理解と支援』（共訳、誠信書房、2023 年）

トマ・ピケティ『来たれ、新たな社会主義』（共訳、みすず書房、2022 年）

ウィリアム・R・ミラー、キャスリーン・M・キャロル『アルコール・薬物依存症を一から見直す』（共訳、誠信書房、2020 年）

学校現場における
里親家庭で暮らす子どもへの支援
——里親、ソーシャルワーカー、教員へのガイド

2023 年 12 月 1 日　初版第 1 刷発行

著　者	ジョン・デガーモ
監訳者	中 村 豪 志
	高 石 啓 人
	上 鹿 渡 和 宏
訳　者	佐 藤 明 子
発行者	大 江 道 雅
発行所	株式会社明石書店

〒 101-0021 東京都千代田区外神田 6-9-5
電　話　03（5818）1171
Ｆ Ａ Ｘ　03（5818）1174
振　替　00100-7-24505
http://www.akashi.co.jp
装丁　　　明石書店デザイン室
印刷・製本　モリモト印刷株式会社

ISBN978-4-7503-5680-8
（定価はカバーに表示してあります）
Printed in Japan

〈価格は本体価格です〉

日本の児童相談所
子ども家庭支援の現在・過去・未来

川松亮、久保樹里、菅野道英、田﨑みどり、
田中哲、長田淳子、中村みどり、浜田真樹　編著

■A5判／並製／384頁　◎2600円

子どもの発達を促し、子どもの最善の利益をめざす児童相談所。本書には、社会的関心の高い虐待対応にとどまらない、現在の児童相談所を多角的に理解するエッセンスと、今を理解するための歴史と、これからの児童相談所についての多くの知見が盛り込まれている。

スクールソーシャルワークハンドブック
実践・政策・研究

キャロル・リッペイ・マサットほか　編著

山野則子　監修

■B5判／上製／640頁　◎20000円

米国で長くスクールソーシャルワークのための不朽の教科書と評価されてきた基本図書。エビデンスに基づく実践だけでなく、学校組織や政策との関連、マクロ実践まで豊富な事例と内容から論じ、これからのソーシャルワークの実践と教育には欠かせない必読書である。

〈価格は本体価格です〉

子ども若者の
権利と政策
【全5巻】

[シリーズ監修]

末冨 芳、秋田喜代美、宮本みち子

◎A5判／並製　◎各巻2,700円

子ども若者自身の権利を尊重した実践、子ども政策、若者政策をどのように進めるべきか。いま(現在)の状況を整理するとともに、これから(今後)の取り組みの充実を展望する。「子ども若者の権利」を根源から考え、それを着実に「政策」につなぐ、議論をはじめるためのシリーズ!

1 子ども若者の権利とこども基本法
末冨 芳 [編著]

2 子ども若者の権利と子どもの育ち
秋田喜代美 [編著]

3 子ども若者の権利と学び・学校
末冨 芳 [編著]

4 若者の権利と若者政策
宮本みち子 [編著]

5 子ども若者政策の構想と展望
末冨 芳 [編著]

〈価格は本体価格です〉

アタッチメント・ハンドブック

里親養育・養子縁組の支援

ジリアン・スコフィールド、メアリー・ビーク [著]
御園生直美、岩﨑美奈子、
高橋恵里子、上鹿渡和宏 [監訳]
森田由美、門脇陽子 [訳]

◎A5判／並製／528頁　◎3,800円

子どもの心と行動、養育者の心と行動の相互作用を理解するうえで重要な概念であるアタッチメント。本書は、アタッチメント理論を実践の場で活用したいと願う人たちに向けて書かれた。里親、養親、彼らを支援する人々にとって治療的養育の実践ガイドとなる一冊。

●内容構成

〈価格は本体価格です〉

養親・里親の認定と支援のための アセスメント・ガイドブック

パーマネンシーの視点から 子どもの人生に寄り添うためのヒント

パット・ビーズリー [著]

引土達雄、三輪清子、山口敬子、御園生直美 [監訳]

海野桂 [訳]

◎A5判／並製／432頁　◎4,500円

子どものニーズに合った資質や養育能力をいかにアセスメントするのか。本書は英国において養親や里親の適性をアセスメントするために用いられている代表的なガイドブックである。適切な養育を考えるうえで、大切な基盤となる指針をもれなく網羅した実践の書。

〈価格は本体価格です〉

シリーズ
みんなで育てる
家庭養護
里親・ファミリーホーム・養子縁組

相澤仁 [編集代表]

これまでの子どものケアワーク中心の個人的養育から、親子の関係調整など多職種・多機関との連携によるソーシャルワーク実践への転換をはかる、里親・ファミリーホームとそれを支援する関係機関に向けた、画期的かつ総合的な研修テキスト。

◎B5判／並製／◎各巻 2,600円

① **家庭養護のしくみと権利擁護**
澁谷昌史、伊藤嘉余子[編]

② **ネットワークによるフォスタリング**
渡邊守、長田淳子[編]

③ **アセスメントと養育・家庭復帰プランニング**
酒井厚、舟橋敬一[編]

④ **中途からの養育・支援の実際**
──子どもの行動の理解と対応
上鹿渡和宏、御園生直美[編]

⑤ **家族支援・自立支援・地域支援と当事者参画**
千賀則史、野口啓示[編]

《価格は本体価格です》